Les cakes pour 365 jours

365日のパウンドケーキ

高石紀子

主婦と生活社

Sommaire

この本の使い方

● 材料の分量は基本的に18cmパウンド型1台分です。異なる型を使ったものもありますが、18cmパウンド型でも同じ分量・焼成時間で作ることができます。

● 材料の分量は正味量です。卵、くだもの、野菜は、殻や皮、種など、通常は不要とされる部分は取り除いてから計量し、調理してください。

● レモンやオレンジなどの柑橘類はポストハーベスト農薬不使用のものを使ってください。

● メニュー名の後にはそれぞれ生地の種類をアルファベット（［Q］［G］［H］［S］）で示しています。生地のさらに詳しい作り方は、該当の「基本の生地」のページ（P10〜15）をご覧ください。

● 使用する材料や道具についてはそれぞれP6、7をご覧ください。型およびその下準備に関してはP8、9をご覧ください。

● 「常温」とは約18℃を指します。

● オーブンは電気のコンベクションオーブンを使用しています。焼成温度、時間は機種により異なりますので、様子を見ながら焼いてください。オーブンの火力が弱い場合は焼成温度を10℃上げてください。

● 電子レンジは600Wのもの、鍋はステンレス製のものを使っています。

● 大さじ1は15ml、小さじ1は5mlです。

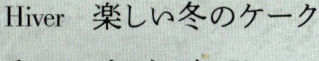

Introduction

はじめに

それまで勤めていた洋菓子店を辞めて、さてどうしようかなというときに、最初に作ったのがパウンドケーキでした。独立に際して立ち上げたホームページで、細々と売り始めた私のケークは、毎月毎月、新しい味を考えてラインナップに加えていった結果、今やこうして68種類ものレシピを紹介できるまでになりました。あのころは新しい味を1つ考えるだけでも精一杯だったのに、われながら驚きです。

あのとき、パウンドケーキを選んだのは、そのアレンジのしやすさが魅力的だったからでした。カトルカールに季節の素材を合わせるだけで、そこにはまったく新しいおいしさが生まれます。この包容力、汎用性は、やはりパウンドケーキならでは。季節ごとにたくさんのレシピを収録したこの本も、焼き菓子のハイシーズンである秋冬だけでなく、1年を通じて、みなさんに楽しんでいただけることと思います。

パウンドケーキを構成するのはおもに4つの材料です。バター、砂糖、卵、粉。材料が少ないぶん、良質のものを選んで、丁寧に作れば、家庭でもプロ顔負けのおいしいケークを作ることができます。そのためにも作り方のポイントは、できる限り丁寧に解説しました。ちょっとしたひと手間で、仕上がりは劇的に変わります。日もちがして、常温で持ち運びができ、贈りものに適しているのも、作り手としては有り難いところでしょう。

私のレシピの特徴は軽やかな食感とやさしい甘さにあります。この本ではフィリングによって4種類の生地を使い分けていますが、たとえばカトルカールは卵をほんの少しだけ少ない配合にすることで、ほんのり甘くて、ふんわりおいしい仕上がりにしています。焼き上がりの美しさにもこだわりました。「腰折れ」といって、側面の生地が内側にへこんでしまうことがあるのですが、そうなりづらいよう配合で調整しています。

素朴ゆえに奥深いパウンドケーキは、私のパティシエールとしての原点です。ケークを作り続ける中で、私はお菓子の可能性と作ることの幸せを学んでいったように思います。その思いが少しでもみなさんに伝わって、いっしょに楽しんでいただけたら、これ以上の喜びはありません。

高石紀子

基本の材料

1_薄力粉

軽い食感に仕上がる製菓用の「スーパーバイオレット」を使用。「バイオレット」でも構いませんが、特に「基本の生地② ジェノワーズ」は「スーパーバイオレット」がおすすめです。「フラワー」は食感が変わるので避けてください。

2_バター

パウンドケーキは別名「バターケーキ」というくらいですから、バターの質が重要です。できれば発酵バター（食塩不使用）を使ってください。さわやかな酸味があり、風味豊かに仕上がります。普通のバター（食塩不使用）でも問題はありません。

3_卵

Mサイズ（正味50g）を使用。本書では卵2個を基準に配合を考えています。個体差がありますが、1個あたり±5g程度の誤差でしたら問題ありません。なるべく新鮮なものを選びましょう。

4_グラニュー糖

くせのないグラニュー糖を使います。製菓用の微粒子タイプであれば生地になじみやすいです。上白糖でも作れますが、焦げやすく、味と食感が変わってしまうのであまりおすすめできません。

5_ベーキングパウダー

生地を膨張させ、ふっくらと焼き上げます。「基本の生地② ジェノワーズ」は泡立てた卵の力で生地を膨らませるので基本的に使いません。本書ではアルミニウムフリーのものを使用。

6_塩・粗びき黒こしょう

「基本の生地④ ケークサレ」で使用。塩はゲランドの塩などの粗塩がおすすめです。

7_粉チーズ

「基本の生地④ ケークサレ」で使用し、風味と塩けが加わって味にまとまりが出ます。レシピによってはほかのチーズを使用しているものも。

8_サラダ油

「基本の生地③ オイル生地」、「基本の生地④ ケークサレ」では、バターの代わりにサラダ油を使用。酸化しにくい太白ごま油や米油であれば消費期限が1日ほど長くなります。オリーブオイルは不向き。

9_牛乳

おもに「基本の生地③ オイル生地」、「基本の生地④ ケークサレ」で使います。一般的な牛乳で構いませんが、低脂肪や無脂肪牛乳は避けてください。

10_強力粉

クグロフ型や花型を使用する際、型にバターを塗った後にまぶします。手に入りやすい「カメリヤ」などでOK。

1_ボウル

生地を作るボウルは直径20cm
程度の深さのあるステンレス
製がおすすめです。バターや
チョコレートを湯せんで溶か
したり、アイシングを作った
りするときなどに、小さめの
ものもいくつか用意しておく
と便利です。

2_万能こし器

粉類や粉砂糖をふるうときに
使います。網が二重のものは
目詰まりしやすいのでおすす
めできません。

3_ハンドミキサー

機種によってパワーに差があ
ります。レシピの混ぜ時間は
目安なので、必ず生地の状態
を見て判断してください。「基
本の生地④ ケークサレ」では
不要。

4_泡立て器

ワイヤーの本数が多く、丈夫
なステンレス製が使いやすい
です。おもに「基本の生地④
ケークサレ」で使います。併せ
て菜箸も使用。

5_ゴムべら

生地を混ぜるときは、しなやか
で混ぜやすい耐熱のシリコン製
が便利です。小さめのものもあ
ると重宝。キャラメルを作ると
きは色移りすることがあるので
木べらがよいでしょう。

6_オーブン用シート

特殊加工が施してあり、熱や油、水
分などに強いシート。生地がくっつ
かないように型に敷き込みます。

7_はけ

焼き上がった生地にリキュールや
シロップを塗る（アンビベ）ときに
使用。ナイロンやシリコン製など
があります。ナイロン製はにおい
がつきやすいので、使用後はよく
洗って乾かしてください。

型について

18cm
パウンド型

18cm

8cm

6.5cm

・本書のレシピはすべて18cmパウンド型1台分に合わせた分量になっています。

・15cmのパウンド型でしたら約2台分作れます。

・レシピでは丸型やクグロフ型、花型を使っていても、そのままの分量、そのままの焼成時間で、18cmパウンド型で作れます。

・本書では吉田菓子道具店の「オリジナルパウンド型」を使用。材質はブリキ。

【 紙の敷き込み方 】

1　オーブン用シートを30×25cmほどに切り出し、中心に型を置く。短辺の底に合わせてオーブン用シートに軽く折り目をつける ⓐ。型をはずし、折り目に合わせてしっかりと折る ⓑ。長辺は1辺ずつ同様に軽く折り目をつけ ⓒ、しっかりと折る ⓓ。

2　オーブン用シートを型にあて、型からはみ出る部分は折り目をつけてナイフなどで切り落とす。

3　写真のように4か所に切り込みを入れる ⓔ（折り目よりも少々先まで切る ⓕ）。

4　長辺を持ち上げてから短辺を持ち上げ、型に入れる ⓖ。角を指で押さえて浮かないように敷き込む ⓗ。

できあがり！

【 生地を流し入れる前に 】

型の長辺に生地の少量をつけてのり代わりにし、オーブン用シートを固定しておくと生地が入れやすい。

15cm

5.5cm

15㎝丸型（底取）

- ・底が取れるタイプのステンレス製のもの。
- ・18㎝パウンド型1台分と同じ分量、同じ焼成時間で作れます。
- ・底の取れるタイプであれば型からはずすときにスムーズです。

【紙の敷き込み方】

1 常温にもどしてクリーム状にしたバター適量をはけで底面と側面の生地に接する側に薄く塗り(a)、底面をセットする。
2 オーブン用シートを長さ18㎝ほどに切り出し(b)、半分に折る(c)。さらに半分に折ってから(d)斜め半分に2回折る(e)(f)。型の半径より1㎝ほど長くはさみでカーブに沿って切り落とし(g)、1㎝ほどの切り込みを2か所に入れて(h)広げ、底面に敷く(i)。
3 オーブン用シートを型の高さよりも1㎝ほど長いところで軽く折り返し、2枚分を切り出す。しっかりと折り目をつけてナイフなどで切り分け(j)、側面に沿って貼りつける(k)。

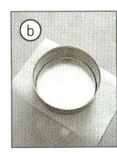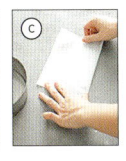

できあがり！

クグロフ型

14cm

8cm

- ・フランス・アルザス地方の焼き菓子、クグロフに使われる型で、波状のうねりのあるデザインが特徴です。
- ・18㎝パウンド型1台分と同じ分量で作れますが、フィリングの量などによっては生地が少しあふれることがあるので、ココットなどに少量を取り分けるのがおすすめ（詳しくはP95参照）。
- ・紙は敷き込めないので、バターを塗り、粉をはたく下準備が必要。

【下準備】

1 常温にもどしてクリーム状にしたバター適量をはけで下から上に向かって底、側面、突起部分にまんべんなく塗る(a)。
2 強力粉をスプーン2杯分ほど入れる。型を傾けて回し、外側を手で軽くたたきながら底と側面にまんべんなく行き渡らせ、粉を落とす(b)。
3 さらに突起部分に強力粉をスプーン2杯分ほどかけ、同様に行き渡らせて粉を落とす。
4 最後に型を逆さまにして台に2〜3回打ちつけ、余分な粉を落とす(c)。

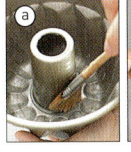

できあがり！

花型

16cm

5.5cm

- ・花が開いたような形に焼き上がります。
- ・フランスやアメリカではこの型で作る人も多いようです。
- ・18㎝パウンド型1台分と同じ分量で作れます。
- ・クグロフ型と同様の下準備が必要。

【下準備】

1 常温にもどしてクリーム状にしたバター適量を はけで下から上に向かって底、側面、突起部分にまんべんなく塗る。
2 強力粉をスプーン2杯分ほど入れる。型を傾けて回し、外側を手で軽くたたきながら底と側面にまんべんなく行き渡らせ、粉を落とす。
3 さらに突起部分に強力粉をスプーン2杯分ほどかけ、同様に行き渡らせて粉を落とす。
4 最後に型を逆さまにして台に2〜3回打ちつけ、余分な粉を落とす。

できあがり！

基本の生地

Quatre-quarts

[Q] 基本の生地 ①
カトルカール

フランス語で「4分の4」の意。
焼き菓子作りの基本材料である
バター、砂糖、卵、粉がほぼ同量ずつ
配合されていることに由来します。
どっしりとした印象のある生地ですが、
私は卵をやや少なめにすることで、
軽やかな食感になるよう調整しています。
バターが主役の生地なので、
ぜひおいしい発酵バターで
作ってください。

粉 25%	バター 25%
卵 25%	砂糖 25%

【 材料と下準備 】18cmパウンド型1台分

発酵バター（食塩不使用）･･･105g
　＞常温にもどす ⓐ

グラニュー糖･･･105g

全卵･･･2個分(100g)
　＞常温にもどし、フォークでほぐす ⓑ

「 薄力粉･･･105g
A
└ ベーキングパウダー ･･･小さじ1/4
　＞合わせてふるう ⓒ

＊型にオーブン用シートを敷く。→ P8
＊オーブンはほどよいタイミングで180℃に予熱する。

指で押すとすっと入るくらいまでやわらかくする。やわらかすぎてもNG。　卵白を切るようにしながら全体をよく混ぜる。卵が冷たいと生地が分離しやすいので必ず常温にもどすこと。　下にオーブン用シートなどを敷き、万能こし器や目の細かいざるに入れてふるっておく。だまにならないようにするための大切な下準備。

アンビベ

レシピによっては焼き上がりにリキュールやシロップなどを塗り、ラップをして網の上で冷ましながら風味をしみ込ませることがある。これを「アンビベ」という。リキュールやシロップがしみ込みやすいよう、生地が熱いうちにトップと側面にはけで軽くたたくようにして塗る。アンビベしたものは10日ほど保存できる。

【作り方】

1 ボウルにバターとグラニュー糖を入れ、ゴムべらでグラニュー糖が完全になじむまですり混ぜる⒟。

2 ハンドミキサーの高速で全体にしっかりと空気を含ませるようにしながら2分〜2分30秒混ぜる⒠。

3 卵を10回ほどに分けて加え⒡、そのつどハンドミキサーの高速で30秒〜1分混ぜる⒢。

4 Aを加え、片手でボウルを回しながら、ゴムべらで底から大きくすくい返すようにして全体を20〜25回混ぜる⒣。粉けが少し残るくらいでOK。

5 ボウルの側面やゴムべらについた生地を落とし、同様に5〜10回混ぜる。粉けがなくなり、表面につやが出たらOK⒤。

6 型に5を入れ⒥、底を台に2〜3回打ちつけて生地をならし、ゴムべらで中央をくぼませて⒦予熱したオーブンで30〜40分焼く。途中、15分ほどたったら水で濡らしたナイフで中央に切り込みを入れる⒧。

7 裂け目に軽く焼き色がつき、竹串を刺してもなにもついてこなければできあがり⒨。オーブン用シートごと型からはずし、網にのせて冷ます⒩。

---

note

・焼きたても、冷めてからもおいしくいただける。焼きたては外側がカリッ、中はふわふわ。翌日からはしっとりとした食感になる。

・バターと卵は冷たくても温かくてもNG。冷たいと分離しやすく、温かいと空気が入りにくくなって、生地がつぶれやすくなる。夏はバターがゆるくなりやすいので、卵は少し冷たいものを使うとよい。冬はボウルも冷たくなり、生地が締まりやすいので必要に応じて卵を湯せんにかけ、少し温めるとバターとなじみやすくなる。

・完全に冷めたらラップで包み、冷暗所や冷蔵室で保存する。保存の目安は1週間ほど。冷凍保存も可（詳しくはP94参照）。生のくだものを使用した場合は冷蔵保存がおすすめ。

いきなりハンドミキサーで混ぜるとグラニュー糖が飛び散るので、先にゴムべらでなじませる。バターがやや硬い場合は、ゴムべらで押しつぶしながらなめらかにするとよい。

ハンドミキサーを大きく回しながら、全体が白っぽくなるまで混ぜる。混ぜ終わったらゴムべらで生地をまとめるとよい。

卵は分離しやすいので10回ほどに分けて加え、完全になじむまでしっかり混ぜる。1回に加える量は大さじ1弱が目安。

全体が分離することなくまとまり、ふわっとしたやわらかい生地になればOK。分離した場合は粉の一部を先に加え混ぜ、なじませる（詳しくはP95参照）。

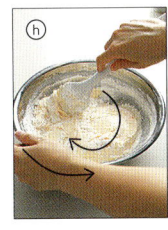
片手でボウルを手前に回し、同時に「の」の字を描くイメージで生地を底からすくう。混ぜすぎたり、練るようにしたりすると生地が硬くなる。ここでは完全には混ぜない。

生地むらがなくなるよう、ボウルの側面やゴムべらについた生地もきれいに落として混ぜる。ここで粉類を完全になじませる。つやが出ればOK。

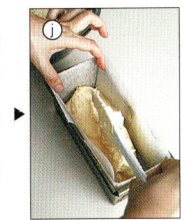
生地をゴムべらですくい、なるべく側面につかないように数回に分けて入れる。台に軽く打ちつけて表面を平らにし、四隅にも生地を行き渡らせる。

生地量が多いので、中央を少しくぼませておくと火が均一に入りやすい。天板に型をのせ、オーブンの下段で焼く。

中心がきれいに盛り上がるためのひと手間。ナイフを水で濡らすのは生地がつかないようにするため。作業は手早く。型の左右（または前後）を逆にして戻すとむらなく焼ける。

焼成30分ほどで一度確認する。竹串にゆるい生地がついてきた場合はオーブンに戻し、追加で5分ずつ様子を見ながら焼く。

焼き縮みを防ぐために型から出して冷ます。できたては切りづらいので、粗熱がとれてからブレッドナイフなどで切るとよい。

Génoise

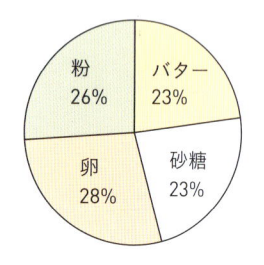

[G] ジェノワーズ
基本の生地 ②

「スポンジ」などとも呼ばれる、
軽やかでしっとりとした食感の生地。
卵の風味がやや強めに出るような配合で、
腰折れせずに美しく仕上がるように
なっています。
泡立てた卵に粉と溶かしバターを
加えて作ります。

粉 26%	バター 23%
卵 28%	砂糖 23%

【 材料と下準備 】18cmパウンド型1台分

発酵バター（食塩不使用）‥‥80g
全卵‥‥2個分（100g）
グラニュー糖‥‥80g
薄力粉‥‥90g

＊湯せん用の湯（約70℃）を用意する@ 。
＊型にオーブン用シートを敷く。→ P8
＊オーブンはほどよいタイミングで170℃に予熱する。

ボウルの底が湯にあたる大きさのフライパンや鍋を使用する。沸騰させる必要はなく、約70℃になったら火は消しておく。

【 作り方 】

1 ボウルにバターを入れ、湯せんにかけて溶かし ⓑ、いったん湯せんからはずす（**2**で卵液のボウルを湯せんからはずしたら再び湯せんにかけておく）。

2 別のボウルに卵とグラニュー糖を入れ、ハンドミキサーでスイッチを入れずに軽く混ぜる ⓒ。さらに湯せんにかけながら低速で20秒ほど混ぜ ⓓ 、湯せんからはずす。高速にして全体にしっかりと空気を含ませるようにしながら2分〜2分30秒混ぜ、低速にして1分ほど混ぜてきめを整える ⓔ。

3 薄力粉をふるいながら加え ⓕ、片手でボウルを回しながら、ゴムべらで底から大きくすくい返すようにして全体を20回ほど混ぜる ⓖ。粉けが少し残るくらいでOK。

4 **1**のバターを5〜6回に分けてゴムべらに伝わせながら加え ⓗ、そのつど同様に5〜10回混ぜる。粉けがなくなり、表面につやが出たらOK ⓘ。

5 型に**4**を入れ ⓙ、底を台に2〜3回打ちつけて余分な空気を抜き、予熱したオーブンで30〜35分焼く。途中、10分ほどたったら水で濡らしたナイフで中央に切り込みを入れる ⓚ。

6 裂け目に軽く焼き色がつき、竹串を刺してもなにもついてこなければできあがり ⓛ。型の底を2〜3回たたいてからオーブン用シートごと型からはずし ⓜ、網にのせて冷ます。

note
・卵液を温めながらしっかりと混ぜて空気を含ませるのでベーキングパウダーは不要。
・完全に冷めたらラップで包み、冷暗所や冷蔵室で保存する。保存の目安は2〜3日。時間がたつとぱさついてくるので当日〜翌日が食べごろ。冷凍保存も可（詳しくはP94参照）。

バターは完全に溶かしておく。冷たいと混ざりにくく、生地が締まった感じになるので卵液のボウルをはずしたら再度湯せんにかけておく。

いきなりハンドミキサーで混ぜ始めるとグラニュー糖が飛び散りやすいので、先にスイッチを入れない状態で混ぜてなじませる。

ハンドミキサーを大きく回しながら混ぜる。卵液を指で触ってみて、お風呂の温度くらい（約40℃）になったら湯せんからはずすタイミング。

ボウルの底が常温にもどり、生地を持ち上げると筋のあとが5秒ほどで消えるようになったら低速に。ボウルにハンドミキサーをあてると大きな気泡ができるので注意する。

薄力粉は全体に広げるように入れるとだまになりにくい。

片手でボウルを手前に回し、同時に「の」の字を描くイメージで生地を底からすくう。混ぜすぎたり、練るようにしたりすると生地が硬くなる。ここでは完全には混ぜない。

生地への負担が少なくなるようにゴムべらに伝わせて全体に加える。混ぜすぎると膨らみの悪い生地になるので注意。水滴が生地に入らないようバターのボウルの底は拭いておく。

つやが出ればOK。

気泡をつぶさないように、できるだけ触らず、そのまま流し入れる。さらさらしているので表面をならす必要はない。天板に型をのせ、オーブンの下段で焼く。

中心がきれいに盛り上がるためのひと手間。ナイフを水で濡らすのは生地がつかないようにするため。作業は手早く。型の左右（または前後）を逆にして戻すとむらなく焼ける。

焼成30分ほどで一度確認する。竹串にゆるい生地がついてきた場合はオーブンに戻し、追加で5分ずつ様子を見ながら焼く。指でやさしく押してみて弾力があればOK。

そのまま取り出せるならよいが、膨らんで取り出しにくい場合は、網に型を倒してはずす。その後は必ず立てて冷ますこと。粗熱がとれてからブレッドナイフなどで切り分ける。

cake à l'**H**uile

牛乳 13% / 油 13% / 砂糖 22% / 卵 26% / 粉 26%

[H]

基本の生地 ③

オイル生地

バターの代わりにサラダ油
（もしくは太白ごま油）で作る、
あっさりとしたプレーンなケーキです。
失敗が少なく、
初心者におすすめの生地です。

【 材料と下準備 】18cmパウンド型1台分

全卵・・・2個分（100g）
　＞常温にもどす
グラニュー糖・・・80g
サラダ油・・・50g
┌ 薄力粉・・・100g
A
└ ベーキングパウダー ・・・ 小さじ 1/2
　＞合わせてふるう
牛乳・・・50g

＊型にオーブン用シートを敷く。→ P8
＊オーブンはほどよいタイミングで180℃に
　予熱する。

【 作り方 】

1　ボウルに卵とグラニュー糖を入れ、ハンドミキサーでスイッチを入れずに軽く混ぜてから ⓐ高速で1分ほど混ぜる。

2　サラダ油を4〜5回に分けて加え、そのつどハンドミキサーの高速で10秒ほど混ぜる。全体になじんだら低速にしてさらに1分ほど混ぜ、きめを整える ⓑ。

3　Aを加え、片手でボウルを回しながら、ゴムべらで底から大きくすくい返すようにして全体を20回ほど混ぜる。粉けが少し残るくらいでOK ⓒ。

4　牛乳を5〜6回に分けてゴムべらに伝わせながら加え、そのつど同様に5回ほど混ぜ、最後はさらに5回ほど混ぜる。粉けがなくなり、表面につやが出たらOK ⓓ。

5　型に4を入れ、底を台に2〜3回打ちつけて余分な空気を抜き、予熱したオーブンで30〜35分焼く。途中、10分ほどたったら水で濡らしたナイフで中央に切り込みを入れる ⓔ。

6　裂け目に軽く焼き色がつき、竹串を刺してもなにもついてこなければできあがり ⓕ。型の底を2〜3回たたいてからオーブン用シートごと型からはずし、網にのせて冷ます。

── note ──

・サラダ油の代わりに太白ごま油でも。太白ごま油のほうが酸化しにくいので保存が1日ほど長くなる。
・完全に冷めたらラップで包み、冷暗所や冷蔵室で保存する。保存の目安は2〜3日。翌日以降は少しもちっとする。時間がたつとばさつき、油のにおいが強くなるので当日〜翌日が食べごろ。冷凍保存もできる（詳しくはP94参照）。

いきなりハンドミキサーで混ぜ始めるとグラニュー糖が飛び散りやすいので、先にスイッチを入れない状態で混ぜてなじませる。

分離しやすいのでサラダ油は分けて加える。低速にしたら気泡を細かく均一に整える。ボウルにハンドミキサーをあてると再び大きな気泡ができてしまうので気をつける。

粉は全体に広げるように入れる。片手でボウルを手前に回し、同時に「の」の字を描くイメージで生地を底からすくう。混ぜ終えたら側面やゴムべらについた生地を落とす。

混ぜすぎると膨らみの悪い生地になるので気をつける。牛乳は生地への負担が少なくなるようにゴムべらに伝わせて全体に加える。

中心がきれいに盛り上がるためのひと手間。ナイフを水で濡らすのは生地がつかないようにするため。作業は手早く。型の左右（または前後）を逆にして戻すとむらなく焼ける。

焼成30分ほどで一度確認する。竹串にゆるい生地がついてきた場合はオーブンに戻し、追加で5分ずつ様子を見ながら焼く。指でやさしく押してみて弾力があればOK。

cake **S**alé

[S]

基本の生地 ④

ケークサレ

「塩味のパウンドケーキ」のこと。
チーズと油が入った生地で作ります。
混ぜすぎに注意。

チーズ 9%
油 18%
牛乳 15%
粉 29%
卵 29%

【材料と下準備】18cmパウンド型1台分

フィリング
　サラダ油・・・小さじ2
　ベーコン（ブロック）・・・70g
　　>1cm角に切る
　玉ねぎ・・・1/2個
　　>粗みじん切りにする
　塩・・・少々
　粗びき黒こしょう・・・少々
全卵・・・2個分（100g）
　>常温にもどす
サラダ油・・・60g
牛乳・・・50g
粉チーズ・・・30g
　┌ 薄力粉・・・100g
　│ ベーキングパウダー ・・・小さじ1
A │ 塩・・・小さじ1/4
　└ 粗びき黒こしょう・・・少々
　　>合わせてふるう

＊型にオーブン用シートを敷く。→ P8
＊オーブンはほどよいタイミングで180℃
　に予熱する。

【作り方】

1　フィリングを作る。フライパンにサラダ油を中火で熱し、ベーコンをさっと炒める。玉ねぎ、塩、粗びき黒こしょうを加えて炒め合わせ、玉ねぎがしんなりとしたらバットに取り出して冷ます。

2　ボウルに卵とサラダ油を入れ、泡立て器で完全になじむまでしっかり混ぜる ⓐ。牛乳を加え、同様に混ぜる。

3　粉チーズと1のフィリングを加え、菜箸で軽く混ぜる ⓑ。

4　Aを加え、片手でボウルを回しながら、菜箸で底から大きくすくい返すようにして全体を15 〜 20回混ぜる ⓒ。ゴムべらでボウルの側面の生地を落とし、同様に1 〜 2回混ぜる ⓓ。粉けがほんの少し残るくらいでOK。

5　型に4を入れ、底を台に2 〜 3回打ちつけて余分な空気を抜き、ゴムべらで表面を軽くならす ⓔ。予熱したオーブンで30 〜 35分焼く。

6　表面に軽く焼き色がつき、竹串を刺してもなにもついてこなければできあがり。型ごと網にのせ、粗熱がとれたらオーブン用シートごとはずして冷ます ⓕ。

ⓐ　卵とサラダ油は分離しやすいのでよく混ぜる。

ⓑ　混ぜすぎないよう菜箸を使う。粉チーズはかたまりがあればほぐしておく。フィリングが熱いままだと生地が固まってしまうので必ず冷ましてから加える。

ⓒ　粉は全体に広げるように入れる。片手でボウルを手前に回し、同時に「の」の字を描くイメージで生地を底からすくう。混ぜすぎると生地が締まり、膨らみが悪くなる。

ⓓ　ゴムべらを使用するのは最後の1 〜 2回のみ。最初からゴムべらで混ぜると生地が硬くなる。型に入れるときにも混ざるので、少し粉けが残っている程度でちょうどよい。

ⓔ　生地を触りすぎないように注意。天板に型をのせ、オーブンの下段で焼く。切り込みは不要。15 〜 20分たったら型の左右（または前後）を逆にするとむらなく焼ける。

ⓕ　竹串にゆるい生地がついてきたら追加で5分ずつ様子を見ながら焼く。油がしみ出て生地が高温になっているのでまずは型のまま網にのせる。粗熱がとれたら型からはずす。

Printemps

華やかな春のケーク

ベリーのケーク

春らしい華やかさのある
ベリーを合わせました。
生のいちごのケークは自信作です。

いちごとアールグレイ［Q］
>P18

フランボワーズとばら［G］
>P19

ヴィクトリアケーキ［Q］
>P18

いちごとアールグレイ［Q］

【 材料と下準備 】18cmパウンド型1台分

発酵バター（食塩不使用）・・・105g
　>常温にもどす

グラニュー糖・・・105g

全卵・・・2個分（100g）
　>常温にもどし、フォークでほぐす

A ┌ 薄力粉・・・105g
　└ ベーキングパウダー・・・小さじ1/4
　　>合わせてふるう

紅茶の茶葉（アールグレイ）・・・4g
　>ラップで包み、めん棒を転がして細
　　かくし（a）、Aと合わせる

タイム・・・2枝＋適量
　>2枝は葉を摘む

いちご・・・60g＋100g
　>60gはへたを取って縦半分に切り、
　　100gはへたを取る

＊型にオーブン用シートを敷く。→P8
＊オーブンはほどよいタイミングで180℃
　に予熱する。

【 作り方 】

1　下の「ヴィクトリアケーキ」1〜5と同様に作る。ただし1で粉砂糖はグラニュー糖にする。3で牛乳は不要。4でAには紅茶の茶葉を合わせておき、タイムの葉2枚分もいっしょに加える。

2　型に1の1/2量を入れてスプーンの背などで表面を平らにならし、周囲を2cmほど残して縦半分に切ったいちご60gをのせる（b）。残りの1を入れて表面を平らにならし、周囲を2cmほど残してへたを取ったいちご100gをのせ、タイム適量を飾る。予熱したオーブンで50分ほど焼く。

3　表面に軽く焼き色がつき、竹串を刺してもなにもついてこなければできあがり。オーブン用シートごと型からはずし、網にのせて冷ます。

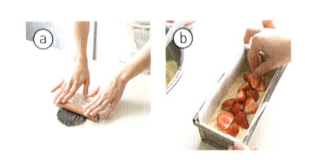

--- note ---
・生のいちごを生地にはさんで焼くとジャムのような食感になる。ただし消費期限は3日ほど。手作りならではのケーキ。
・紅茶の茶葉が粗く、硬い場合はすり鉢に入れて細かくする。

ヴィクトリアケーキ［Q］

【 材料と下準備 】直径15cm丸型1台分

発酵バター（食塩不使用）・・・105g
　>常温にもどす

粉砂糖・・・105g＋適量

全卵・・・2個分（100g）
　>常温にもどし、フォークでほぐす

牛乳・・・大さじ1

A ┌ 薄力粉・・・105g
　├ アーモンドパウダー・・・20g
　├ ベーキングパウダー
　│　・・・小さじ1/4
　└
　　>合わせてふるう

いちごジャム・・・100g

＊型にオーブン用シートを敷く。→P9
＊オーブンはほどよいタイミングで180℃
　に予熱する。

【 作り方 】

1　ボウルにバターと粉砂糖105gを入れ、ゴムべらで粉砂糖が完全になじむまですり混ぜる。

2　ハンドミキサーの高速で全体にしっかりと空気を含ませるようにしながら2分〜2分30秒混ぜる。

3　卵を10回ほどに分けて加え、そのつどハンドミキサーの高速で30秒〜1分混ぜる。牛乳を加え、さらに低速で10秒ほど混ぜる。

4　Aを加え、片手でボウルを回しながら、ゴムべらで底から大きくすくい返すようにして全体を20〜25回混ぜる。粉けが少し残るくらいでOK。

5　ボウルの側面やゴムべらについた生地を落とし、同様に5〜10回混ぜる。粉けがなくなり、表面につやが出たらOK。

6　型に5を入れ、底を台に2〜3回打ちつけて生地をならし、予熱したオーブンで45分ほど焼く。

7　表面に軽く焼き色がつき、竹串を刺してもなにもついてこなければできあがり。オーブン用シートごと型からはずし、網にのせて冷ます。

8　高さ半分のところに合わせて手前と奥にルーラーなどを置き、ブレッドナイフで厚みを半分に切る（a）。下の生地にいちごジャムをスプーンなどで塗り広げて（b）上の生地を重ね、粉砂糖適量を茶こしに入れてふる。

--- note ---
・ヴィクトリア女王ゆかりのイギリスのお菓子。ジャムは少しはみ出すくらいに塗るのがおすすめ。少し時間をおいてジャムをなじませたほうが切り分けやすい。

フランボワーズとばら ［G］

【材料と下準備】18cmパウンド型1台分

発酵バター（食塩不使用）・・・80g
全卵・・・2個分（100g）
グラニュー糖・・・70g
ばらシロップ・・・大さじ1
薄力粉・・・95g
冷凍フランボワーズ・・・30g
　>ペーパータオルで表面の霜を軽く
　　拭き取り ⓐ、手で細かく割って薄力
　　粉小さじ1をさっとまぶし ⓑ、冷凍
　　室に入れておく
アイシング
　粉砂糖・・・50g
　ばらシロップ・・・小さじ4
　水・・・小さじ1/2
ばらの花びら（乾燥）・・・適量
ドライフランボワーズ（顆粒）
　　・・・適量

＊湯せん用の湯（約70℃）を用意する。
＊型にオーブン用シートを敷く。→P8
＊オーブンはほどよいタイミングで170℃
　　に予熱する。

ばらシロップ
MONINの高濃度シロップ。
紅茶やカクテルにも活用で
きる。製菓材料店などで購
入可能。

ばらの花びら（乾燥）
食用のばらを乾燥させた
ハーブティー用。がくがあ
る場合は取り除く。

ドライフランボワーズ
（顆粒）
ラズベリーや木いちごとも
呼ばれ、甘酸っぱさが特
徴。フリーズドライの丸ご
との場合は細かくして使用
する。

【作り方】

1　ボウルにバターを入れ、湯せんにかけて溶かし、いったん湯せんからはずす（2で卵液のボウルを湯せんからはずしたら再び湯せんにかけておく）。

2　別のボウルに卵とグラニュー糖を入れ、ハンドミキサーでスイッチを入れずに軽く混ぜる。さらに湯せんにかけながら低速で20秒ほど混ぜ、湯せんからはずす。高速にして全体にしっかりと空気を含ませるようにしながら2分〜2分30秒混ぜる。ばらシロップを加え、低速にして1分ほど混ぜてきめを整える。

3　薄力粉をふるいながら加え、片手でボウルを回しながら、ゴムべらで底から大きくすくい返すようにして全体を20回ほど混ぜる。粉けが少し残るくらいでOK。

4　1のバターを5〜6回に分けてゴムべらに伝わせながら加え、そのつど同様に5〜10回混ぜる。粉けがなくなり、表面につやが出たら冷凍フランボワーズを加え、大きく5回ほど混ぜる。

5　型に4を入れ、底を台に2〜3回打ちつけて余分な空気を抜き、予熱したオーブンで30〜35分焼く。途中、10分ほどたったら水で濡らしたナイフで中央に切り込みを入れる。

6　裂け目に軽く焼き色がつき、竹串を刺してもなにもついてこなければできあがり。型の底を2〜3回たたいてからオーブン用シートごと型からはずし、逆さまにして網にのせて冷ます。

7　アイシングを作る。ボウルに万能こし器で粉砂糖をふるい入れ、ばらシロップと水を少しずつ加えながらスプーンなどでよく混ぜる。持ち上げるとゆっくりと落ち、落ちたあとが5〜6秒でなくなるくらいの硬さにする ⓒ。

8　6が冷めたらオーブンを200℃に予熱する。オーブンの天板にオーブン用シートを敷いてパウンドケーキをのせ、スプーンで7のアイシングを上部に塗り ⓓ、ばらの花びらとドライフランボワーズを散らす ⓔ。予熱したオーブンで1分ほど加熱し、網にのせて乾かす。

ⓐ　ⓑ　ⓒ　ⓓ　ⓔ

───── note ─────
・ばらの花びらをあしらい、華やかなケーキに仕上げた。
・冷凍フランボワーズは生地が水っぽくならないよう、粉をまぶして使用直前まで冷凍室に入れておく。
・シャープな印象にしたかったので、逆さまにして冷まし、アイシングを塗った。もちろん通常どおりでも構わない。

春のくだもののケーク

甘いケークには少し酸味のあるくだものがよく合います。
フレッシュなオレンジをたっぷりと混ぜ込んだケークは、
手作りならではのおいしさですね。

オレンジピールとカフェ［G］
>P22

フレッシュオレンジ［Q］
>P23

あんずとグラノーラ［Q］
>P22

アメリカンチェリー［Q］
>P23

オレンジピールとカフェ［G］

【材料と下準備】18cmパウンド型1台分

発酵バター（食塩不使用）…80g

全卵…2個分（100g）

グラニュー糖…80g

コーヒー液

　インスタントコーヒー（顆粒）…8g
　　>湯小さじ2を2回に分けて加えて溶く

薄力粉…90g

オレンジピール（ダイス状）…60g

アイシング

　粉砂糖…35g

　インスタントコーヒー（顆粒）…1g
　　>湯小さじ1/2で溶く

　水…小さじ1

＊湯せん用の湯（約70℃）を用意する。
＊型にオーブン用シートを敷く。→P8
＊オーブンはほどよいタイミングで170℃
　に予熱する。

———————— note ————————
・軽い食感のコーヒー味のケーキ。コーヒー
　のほのかな苦みとオレンジピールの酸味
　がよく合う。

【作り方】

1　ボウルにバターを入れ、湯せんにかけて溶かし、いったん湯せんからはずす（2で卵液のボウルを湯せんからはずしたら再び湯せんにかけておく）。

2　別のボウルに卵とグラニュー糖を入れ、ハンドミキサーでスイッチを入れずに軽く混ぜる。さらに湯せんにかけながら低速で20秒ほど混ぜ、湯せんからはずす。高速にして全体にしっかりと空気を含ませるようにしながら2分〜2分30秒混ぜる。コーヒー液を加えて低速で20秒ほど混ぜ、さらに低速で1分ほど混ぜてきめを整える。

3　薄力粉をふるいながら加え、片手でボウルを回しながら、ゴムべらで底から大きくすくい返すようにして全体を20回ほど混ぜる。粉けが少し残るくらいでOK。

4　1のバターを5〜6回に分けてゴムべらに伝わせながら加え、そのつど同様に5〜10回混ぜる。粉けがなくなり、表面につやが出たらオレンジピールを加え、大きく5回ほど混ぜる。

5　型に4を入れ、底を台に2〜3回打ちつけて余分な空気を抜き、予熱したオーブンで30〜35分焼く。途中、10分ほどたったら水で濡らしたナイフで中央に切り込みを入れる。

6　裂け目に軽く焼き色がつき、竹串を刺してもなにもついてこなければできあがり。型の底を2〜3回たたいてからオーブン用シートごと型からはずし、網にのせて冷ます。

7　アイシングを作る。ボウルに万能こし器で粉砂糖をふるい入れ、湯で溶いたコーヒーと水を少しずつ加えながらスプーンなどでよく混ぜる。持ち上げるとゆっくりと落ち、落ちたあとが10秒ほどでなくなるくらいの硬さにする。

8　6が冷めたらオーブンを200℃に予熱する。オーブンの天板にオーブン用シートを敷いてパウンドケーキをのせ、スプーンで7のアイシングをトップにかける。予熱したオーブンで1分ほど加熱し、網にのせて乾かす。

あんずとグラノーラ［Q］

【材料と下準備】18cmパウンド型1台分

ドライアプリコット…80g

グランマルニエ…大さじ1

発酵バター（食塩不使用）…105g
　>常温にもどす

グラニュー糖…105g

全卵…2個分（100g）
　>常温にもどし、フォークでほぐす

牛乳…小さじ2

A「薄力粉…105g
　└ベーキングパウダー…小さじ1/4
　　>合わせてふるう

B「グラノーラ…30g
　└きび砂糖…小さじ1/2
　　>軽く混ぜ合わせる

＊型にオーブン用シートを敷く。→P8
＊オーブンはほどよいタイミングで180℃
　に予熱する。

【作り方】

1　アプリコットは熱湯に5分ほどつけて⒜表面をふやかし、ペーパータオルで水けを拭き取って1cm角に切る⒝。グランマルニエと合わせて3時間〜ひと晩おく。

2　右ページの「フレッシュオレンジ」3〜7と同様に作る。ただし3でオレンジの皮は不要。5で卵を混ぜた後に牛乳を加え、低速で10秒ほど混ぜる。6でAを加える前に1のアプリコットを加え、ゴムべらでざっと混ぜる。

3　型に2を入れ、底を台に2〜3回打ちつけて生地をならし、ゴムべらで中央をくぼませる。Bを全体に散らし、予熱したオーブンで50分ほど焼く。

4　表面に軽く焼き色がつき、竹串を刺してもなにもついてこなければできあがり。オーブン用シートごと型からはずし、網にのせて冷ます。

———————— note ————————
・グラノーラが水分を吸ってばさつきやすいので
　生地に牛乳を加えた。
・表面にグラノーラがのっているので焼成途中で
　切り込みは入れない。

フレッシュオレンジ［Q］

【材料と下準備】18cmパウンド型1台分

オレンジのソテー
| オレンジ…1個
|　（果肉は150g）
| バター（食塩不使用）…5g
| グランマルニエ…小さじ2
発酵バター（食塩不使用）
　…105g
　>常温にもどす
グラニュー糖…105g
全卵…2個分（100g）
　>常温にもどし、フォークでほ
　　ぐす
「 薄力粉…105g
A ベーキングパウダー
」　…小さじ1/4
　>合わせてふるう
グランマルニエ…30〜40g

＊型にオーブン用シートを敷く。
　→P8
＊オーブンはほどよいタイミン
　グで180℃に予熱する。

— note —
・オレンジがごろごろと入ったぜいたく
　なケーク。生地が硬くならない程度に
　少し冷やして食べてもおいしい。
・生のオレンジを使用しているので冷蔵
　室で保存する。目安は1週間ほど。

【作り方】

1 オレンジのソテーを作る。オレンジは
　皮をすりおろし、取り分ける。残りの
　オレンジは上下を薄く切り落とし、皮
　を薄皮ごと縦に切り落とす@。薄皮と
　果肉の間に包丁を入れて1房ずつ果肉
　を取り出す。

2 フライパンにバターを弱めの中火で
　熱して溶かし、オレンジの果肉をそっ
　と入れてバターをからめるようにやさ
　しく混ぜる。軽く温まったら、グラン
　マルニエを加えてやさしくからめ、バ
　ットなどに取り出して冷ます。オレン
　ジのソテーのできあがり。

3 ボウルにバター、グラニュー糖、1の
　オレンジの皮を入れ、ゴムべらでグラ
　ニュー糖が完全になじむまですり混
　ぜる。

4 ハンドミキサーの高速で全体にしっか
　りと空気を含ませるようにしながら2
　分〜2分30秒混ぜる。

5 卵を10回ほどに分けて加え、そのつど
　ハンドミキサーの高速で30秒〜1分混
　ぜる。

6 Aを加え、片手でボウルを回しながら、
　ゴムべらで底から大きくすくい返すよ
　うにして全体を20〜25回混ぜる。粉

けが少し残るくらいでOK。

7 ボウルの側面やゴムべらについた生地
　を落とし、同様に5〜10回混ぜる。粉
　けがなくなり、表面につやが出たらO
　K。

8 型に7の1/3量を入れてスプーンの背
　などで表面を平らにならし、周囲を2
　cmほど残して2のオレンジのソテーの
　1/2量を斜めに並べる⑥。これをもう
　一度繰り返し（オレンジを並べる向きは逆
　にする）⑥、残りの7を入れて表面を平
　らにならし、予熱したオーブンで45〜
　50分焼く。途中、15分ほどたったら水
　で濡らしたナイフで中央に切り込みを
　入れる。

9 裂け目に軽く焼き色がつき、竹串を刺
　してもなにもついてこなければできあ
　がり。オーブン用シートごと型からは
　ずし、網にのせて、熱いうちにグラン
　マルニエをはけでトップと側面に塗
　る。すぐにラップでぴったりと包み、
　そのまま冷ます。

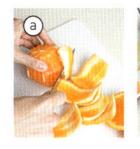  

アメリカンチェリー［Q］

【材料と下準備】18cmパウンド型1台分

発酵バター（食塩不使用）…50g
　>常温にもどす
サワークリーム…70g
グラニュー糖…100g
全卵…2個分（100g）
　>常温にもどし、フォークでほぐす
「 薄力粉…110g
A
」 ベーキングパウダー…小さじ1/2
　>合わせてふるう
アメリカンチェリー…70g
　>包丁で縦にぐるりと切り込みを入
　　れて2つに分ける。種がついている
　　ほうはさらに縦に切り込みを入れ
　　て種を取り、残りは縦半分に切る

＊型にオーブン用シートを敷く。→P8
＊オーブンはほどよいタイミングで
　180℃に予熱する。

【作り方】

1 ボウルにバターを入れ、ゴムべらで
　押しつけるように混ぜてなめらかに
　する。サワークリームを4〜5回に
　分けて加え、そのつど全体になじむ
　まで混ぜる。グラニュー糖を加え、
　完全になじむまですり混ぜる。

2 上の「フレッシュオレンジ」4〜7と
　同様に作る。ただし7で表面につや
　が出たらアメリカンチェリーを加え、
　ざっと混ぜる。

3 型に2を入れ、底を台に2〜3回打
　ちつけて生地をならし、予熱した
　オーブンで45分ほど焼く。途中、15
　分ほどたったら水で濡らしたナイフ
　で中央に切り込みを入れる。

4 裂け目に軽く焼き色がつき、竹串を
　刺してもなにもついてこなければで
　きあがり。オーブン用シートごと型
　からはずし、網にのせて冷ます。

— note —
・サワークリームの酸味を感じる、しっとりとしたケーク。少し冷やしてもおいしい。
・生のアメリカンチェリーが手に入らない場合は缶詰でも構わない。

春のティータイム

豊かな香りが楽しめる、
お茶を使ったパウンドケーキです。
風味を際立たせてくれるくだものと合わせました。

抹茶とレモンピール［Q］

【材料と下準備】18cmパウンド型1台分

発酵バター（食塩不使用）・・・105g
>常温にもどす

グラニュー糖・・・105g

全卵・・・2個分（100g）
>常温にもどし、フォークでほぐす

A ┌ 薄力粉・・・105g
  └ ベーキングパウダー ・・・小さじ1/4
   >合わせてふるう

レモンピール（ダイス状）・・・50g

抹茶パウダー ・・・小さじ2と1/2

牛乳・・・大さじ1

＊型にオーブン用シートを敷く。→P8
＊オーブンはほどよいタイミングで180℃
　に予熱する。

レモンピール

レモンの皮を砂糖などに漬けたもの。レモンコンフィとも呼ばれ、さわやかな酸味と香りが魅力。

— note —
・レモンピールの酸味が抹茶のほろ苦さを引き立てる上品な味。レモンピールの代わりにオレンジピールやホワイトチョコレートで作っても合う。

【作り方】

1 ボウルにバターとグラニュー糖を入れ、ゴムべらでグラニュー糖が完全になじむまですり混ぜる。

2 ハンドミキサーの高速で全体にしっかりと空気を含ませるようにしながら2分〜2分30秒混ぜる。

3 卵を10回ほどに分けて加え、そのつどハンドミキサーの高速で30秒〜1分混ぜる。

4 Aを加え、片手でボウルを回しながら、ゴムべらで底から大きくすくい返すようにして全体を20〜25回混ぜる。粉けが少し残るくらいでOK。

5 別のボウルに150gを取り分ける ⓐ。

6 4のボウルにレモンピールを加え、ゴムべらで同様に5回ほど混ぜる ⓑ。粉けがなくなり、表面につやが出たらOK。

7 5のボウルに抹茶パウダーを茶こしでふるいながら加え、同様に8〜10回混ぜる ⓒ。牛乳を2回ほどに分けてゴムべらに伝わせながら加え、そのつど同様に5回ほど混ぜる。粉けがなくなり、表面につやが出たら6のボウルに加え ⓓ、大きく2〜3回混ぜる ⓔ。

8 型に7を入れ、底を台に2〜3回打ちつけて生地をならし、ゴムべらで中央をくぼませて予熱したオーブンで30〜40分焼く。途中、15分ほどたったら水で濡らしたナイフで中央に切り込みを入れる。

9 裂け目に軽く焼き色がつき、竹串を刺してもなにもついてこなければできあがり。オーブン用シートごと型からはずし、網にのせて冷ます。

ほうじ茶［G］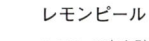

【材料と下準備】18cmパウンド型1台分

発酵バター（食塩不使用）・・・80g

全卵・・・2個分（100g）

グラニュー糖・・・80g

A ┌ 薄力粉・・・80g
  │   >ふるう
  │ ほうじ茶の茶葉・・・10g
  └   >すり鉢ですって細かくする
   >軽く混ぜ合わせる

アプリコットジャム ・・・適量

＊湯せん用の湯（約70℃）を用意する。
＊型にオーブン用シートを敷く。→P8
＊オーブンはほどよいタイミングで170℃
　に予熱する。

— note —
・ほうじ茶は茶葉が細かいティーバッグのものがおすすめ。

【作り方】

1 ボウルにバターを入れ、湯せんにかけて溶かし、いったん湯せんからはずす（2で卵液のボウルを湯せんからはずしたら再び湯せんにかけておく）。

2 別のボウルに卵とグラニュー糖を入れ、ハンドミキサーでスイッチを入れずに軽く混ぜる。さらに湯せんにかけながら低速で20秒ほど混ぜ、湯せんからはずす。高速にして全体にしっかりと空気を含ませるようにしながら2分〜2分30秒混ぜ、低速にして1分ほど混ぜてきめを整える。

3 Aを加え、片手でボウルを回しながら、ゴムべらで底から大きくすくい返すようにして全体を20回ほど混ぜる。粉けが少し残るくらいでOK。

4 1のバターを5〜6回に分けてゴムべらに伝わせながら加え、そのつど同様に5〜10回混ぜる。粉けがなくなり、表面につやが出たらOK。

5 型に4を入れ、底を台に2〜3回打ちつけて余分な空気を抜き、予熱したオーブンで30〜35分焼く。途中、10分ほどたったら水で濡らしたナイフで中央に切り込みを入れる。

6 裂け目に軽く焼き色がつき、竹串を刺してもなにもついてこなければできあがり。型の底を2〜3回たたいてからオーブン用シートごと型からはずし、網にのせて冷ます。好みの大きさに切り分け、アプリコットジャムを添える。

桜と梅

和菓子ではよく用いられる桜と梅を
パウンドケーキに応用してみました。
なじみのあるおいしさで、幅広い年代に喜ばれそうです。

桜とクランベリー ［Q］

【 材料と下準備 】18cmパウンド型1台分

ドライクランベリー ・・・40g

キルシュ ・・・ 大さじ1

発酵バター（食塩不使用）・・・105g
　＞常温にもどす

グラニュー糖・・・105g

全卵・・・2個分（100g）
　＞常温にもどし、フォークでほぐす

桜の葉の塩漬け・・・30g
　＞水に30分ほどつけて塩抜きをし、
　手で水けを絞ってからペーパータオ
　ルで水けを拭き取り、粗く刻む

A ┌ 薄力粉・・・105g
　└ ベーキングパウダー ・・・小さじ1/4
　　＞合わせてふるう

アイシング
　┌ 粉砂糖・・・20g
　│ キルシュ ・・・小さじ1/2
　└ 水・・・小さじ1/2

＊型にオーブン用シートを敷く。→P8
＊オーブンはほどよいタイミングで180℃
　に予熱する。

【 作り方 】

1 クランベリーは熱湯をかけ、ペーパー
　タオルで水けを拭き取る。キルシュ
　と合わせて3時間〜ひと晩おく。

2 ボウルにバターとグラニュー糖を入
　れ、ゴムべらでグラニュー糖が完全
　になじむまですり混ぜる。

3 ハンドミキサーの高速で全体にしっ
　かりと空気を含ませるようにしなが
　ら2分〜2分30秒混ぜる。

4 卵を10回ほどに分けて加え、そのつ
　どハンドミキサーの高速で30秒〜1
　分混ぜる。

5 桜の葉と1のクランベリーを加え、
　ゴムべらでざっと混ぜる。Aを加え、
　片手でボウルを回しながら、底から
　大きくすくい返すようにして全体を
　20〜25回混ぜる。粉けが少し残る
　くらいでOK。

6 ボウルの側面やゴムべらについた生
　地を落とし、同様に5〜10回混ぜる。
　粉けがなくなり、表面につやが出た
　らOK。

7 型に6を入れ、底を台に2〜3回打
　ちつけて生地をならし、ゴムべらで

中央をくぼませて予熱したオーブン
で45分ほど焼く。途中、15分ほどたっ
たら水で濡らしたナイフで中央に切
り込みを入れる。

8 裂け目に軽く焼き色がつき、竹串を
　刺してもなにもついてこなければで
　きあがり。オーブン用シートごと型
　からはずし、網にのせて冷ます。

9 アイシングを作る。ボウルに茶こし
　で粉砂糖をふるい入れ、キルシュと
　水を少しずつ加えながらスプーンな
　どでよく混ぜる。持ち上げるとゆっ
　くりと落ち、落ちたあとが10秒ほど
　でなくなるくらいの硬さにする。

10 8が冷めたらオーブンを200℃に予熱
　する。オーブンの天板にオーブン用
　シートを敷いてパウンドケーキをの
　せ、スプーンで9のアイシングをトッ
　プにかける。予熱したオーブンで1
　分ほど加熱し、網にのせて乾かす。

─── note ───
・桜の葉のほのかな塩けが味を引き締め、上
　品な味に。日本茶にもよく合う。

梅酒 ［Q］

【 材料と下準備 】直径14cmクグロフ型1台分

発酵バター（食塩不使用）・・・105g
> 常温にもどす

グラニュー糖・・・105g

全卵・・・2個分（100g）
> 常温にもどし、フォークでほぐす

梅酒・・・小さじ2＋大さじ1

梅酒の梅の実・・・70g
> 包丁で縦にぐるりと切り込みを入
れて2つに分ける。種がついてい
るほうはさらに縦に切り込みを入
れて種を取り、長さを半分に切る。
残りは4等分に切る

A ┌ 薄力粉・・・90g
│ アーモンドパウダー・・・15g
│ ベーキングパウダー
└ ・・・小さじ1/4
> 合わせてふるう

アイシング
│ 粉砂糖・・・50g
│ 梅酒・・・小さじ2

アーモンドダイス（ロースト済み）
・・・適量

＊型にクリーム状にしたバター適量
（分量外）をはけで塗り、強力粉適
量（分量外）をはたく。→P9
＊オーブンはほどよいタイミングで
180℃に予熱する。

─── note ───
・梅酒とアーモンドパウダーでしっとり
とした生地に。
・アイシングをかけた後、200℃のオー
ブンで1分ほど加熱するとたれてしま
うので、そのまま乾かす。
・18cmのパウンド型でも同様に作れる。
直径14cmのクグロフ型で作ると生地が
少しあふれるので、ココットなどに取
り分けていっしょに焼くとよい（詳しく
はP 95参照）。

【 作り方 】

1 左ページの「桜とクランベリー」2〜7と
同様に作る。ただし5で桜の葉とクラン
ベリーの代わりに梅酒小さじ2と梅の実
を加える。7で中央をくぼませる作業と
ナイフで切り込みを入れる作業は不要
で、焼成時間は45〜50分にする。

2 表面に軽く焼き色がつき、竹串を刺して
もなにもついてこなければできあがり。
型の側面を2〜3回たたいてからひっく
り返してはずし、網にのせて、熱いうち
に梅酒大さじ1をはけで表面に塗る。す
ぐにラップでぴったりと包み、そのまま
冷ます。

3 アイシングを作る。ボウルに万能こし器
で粉砂糖をふるい入れ、梅酒を少しずつ
加えながらスプーンなどでよく混ぜる。
持ち上げるとゆっくりと落ち、落ちたあ
とが5〜6秒でなくなるくらいの硬さに
する。

4 2が冷めたらラップをはずし、スプーン
で3のアイシングをトップにかける。アー
モンドダイスを散らし、そのまま乾かす。

梅酒
梅の実が入っているもの
を選ぶ。アルコール度数
や味は、好みのもので構
わない。

グリーンピースとシェーブル［S］
>P30

春のケークサレ

「塩味のパウンドケーキ」を意味するケークサレは、
ホームパーティーの
前菜などにぴったりの一品。
旬の食材と合わせて、
季節を演出してみてください。

うずらの卵、そら豆、パプリカ［S］
>P30

桜えびと春キャベツ［S］
>P31

グリーンピースとシェーブル ［S］

【 材料と下準備 】18cmパウンド型1台分

全卵・・・2個分(100g)
>常温にもどす

サラダ油・・・60g

牛乳・・・50g

粉チーズ・・・30g

シェーブル・・・35g
>ひと口大に切る

冷凍グリーンピース・・・40g
>塩少々を入れた熱湯で30秒ほどゆでて氷水に取って冷まし、ペーパータオルで水けを拭き取る

ドライアプリコット・・・30g
>熱湯に5分ほどつけて⒜表面をふやかし、ペーパータオルで水けを拭き取って1cm角に切る

A ┌ 薄力粉・・・100g
  │ ベーキングパウダー ・・・小さじ1
  │ 塩・・・小さじ1/4
  └ 粗びき黒こしょう・・・少々
    >合わせてふるう

＊型にオーブン用シートを敷く。→P8
＊オーブンはほどよいタイミングで180℃に予熱する。

【 作り方 】

1 ボウルに卵とサラダ油を入れ、泡立て器で完全になじむまでしっかり混ぜる。牛乳を加え、同様に混ぜる。

2 粉チーズ、シェーブル、グリーンピース、アプリコットを加え、菜箸で軽く混ぜる。

3 Aを加え、片手でボウルを回しながら、菜箸で底から大きくすくい返すようにして全体を15 〜 20回混ぜる。ゴムべらでボウルの側面の生地を落とし、同様に1 〜 2回混ぜる。粉けがほんの少し残るくらいでOK。

4 型に3を入れ、底を台に2〜3回打ちつけて余分な空気を抜き、ゴムべらで表面を軽くならす。予熱したオーブンで30 〜 35分焼く。

5 表面に軽く焼き色がつき、竹串を刺してもなにもついてこなければできあがり。型ごと網にのせ、粗熱がとれたらオーブン用シートごとはずして冷ます。

⒜

――― note ―――
・2種のチーズを使用した、断面の色みが春らしいケーキ。
・シェーブルの酸味とアプリコットのほのかな甘みが相性抜群。

うずらの卵、そら豆、パプリカ ［S］

【 材料と下準備 】18cmパウンド型1台分

全卵・・・2個分(100g)
>常温にもどす

サラダ油・・・60g

牛乳・・・50g

粉チーズ・・・30g

うずらの卵(水煮)・・・6個

冷凍そら豆(薄皮つき)・・・10〜12個(60g)
>塩少々を入れた熱湯で30秒ほどゆでて氷水に取って冷まし、身を取り出す。ペーパータオルで水けを拭き取り、トッピング用に5個を取り分ける

パプリカ(赤)・・・大1/2個(100g)
>縦に2.5cm幅に切り、2切れは斜め半分に切って三角形にし、残りは2.5cm四方に切る⒜。ともに塩少々を入れた熱湯で1分ほどゆでて冷まし、ペーパータオルで水けを拭き取る

タイム・・・2枝＋適量
>2枝は葉を摘む

A ┌ 薄力粉・・・100g
  │ ベーキングパウダー ・・・小さじ1
  │ 塩・・・小さじ1/4
  └ 粗びき黒こしょう・・・少々
    >合わせてふるう

＊型にオーブン用シートを敷く。→P8
＊オーブンはほどよいタイミングで180℃に予熱する。

⒜

【 作り方 】

1 上の「グリーンピースとシェーブル」1〜5と同様に作る。ただし2でシェーブル、グリーンピース、アプリコットの代わりにうずらの卵、そら豆5〜7個、2.5cm四方に切ったパプリカ、タイムの葉2枝分を加える。4で生地の表面をならした後、残りのそら豆5個、三角形に切ったパプリカ、タイム適量をのせて焼く。

――― note ―――
・イースターをイメージしたケーキ。食べごたえがあり、カットしたときの断面が華やか。

桜えびと春キャベツ ［S］

【 材料と下準備 】18cmパウンド型1台分

全卵・・・2個分（100g）
  ＞常温にもどす
サラダ油・・・60g
牛乳・・・50g
粉チーズ・・・30g
桜えび・・・10g
  ＞フライパンを弱火で熱してからいり
   し、トッピング用に2gを取り分ける
キャベツのソテー
  サラダ油・・・小さじ1
  キャベツ（あれば春キャベツ）
    ・・・100g
    ＞ひと口大に切る
  塩・・・少々
  ＞フライパンにサラダ油を中火で熱
   し、キャベツと塩を入れてしんな
   りとするまで炒め、バットに取り
   出して冷ます

A
  薄力粉・・・100g
  ベーキングパウダー・・・小さじ1
  塩・・・小さじ1/4
  粗びき黒こしょう・・・少々
    ＞合わせてふるう

＊型にオーブン用シートを敷く。→P8
＊オーブンはほどよいタイミングで180℃
  に予熱する。

【 作り方 】

1　ボウルに卵とサラダ油を入れ、泡立て器で完全になじむまでしっかり混ぜる。
　牛乳を加え、同様に混ぜる。

2　粉チーズ、桜えび8g、キャベツのソテーを加え、菜箸で軽く混ぜる。

3　Aを加え、片手でボウルを回しながら、菜箸で底から大きくすくい返すよう
　にして全体を15〜20回混ぜる。ゴムべらでボウルの側面の生地を落とし、
　同様に1〜2回混ぜる。粉けがほんの少し残るくらいでOK。

4　型に3を入れ、底を台に2〜3回打ちつけて余分な空気を抜き、ゴムべらで表
　面を軽くならす。残りの桜えび2gを全体に散らし、予熱したオーブンで30〜
　35分焼く。

5　表面に軽く焼き色がつき、竹串を刺してもなにもついてこなければできあが
　り。型ごと網にのせ、粗熱がとれたらオーブン用シートごとはずして冷ます。

―――――――――――――――― **note** ――――――――――――――――
・桜えびはからいりし、甘みと香ばしさを引き立たせて。

Été

さっぱりおいしい夏のケーク

レモンのケーク

定番のウィークエンドをはじめ、
パウンドケーキとレモンは相性が抜群。
さまざまな形でレモンを楽しめるようにしました。

ウィークエンドシトロン［G］
>P34

レモンとバジル［H］
>P34

レモンカード［Q］
>P35

ウィークエンドシトロン［G］

【 材料と下準備 】18cmパウンド型1台分

発酵バター（食塩不使用）
　…80g
全卵…2個分(100g)
グラニュー糖…80g
レモンの皮…1個分
　>すりおろす
薄力粉…100g

シロップ

砂糖…小さじ2
　>小さめの耐熱ボウルに入れて水
　小さじ2を加え、ラップをせずに
　途中、スプーンで1～2回混ぜ
　ながら電子レンジで30秒ほど加
　熱する(大さじ1を使用)
レモン果汁…大さじ1
　>混ぜ合わせる

アイシング

粉砂糖…110g
レモン果汁…大さじ1と1/2
ピスタチオ(ロースト済み)…適量
　>細かく刻む

＊湯せん用の湯(約70℃)を用意する。
＊型にオーブン用シートを敷く。→P8
＊オーブンはほどよいタイミングで170℃
　に予熱する。

【 作り方 】

1　P13「基本の生地② ジェノワーズ」1～6と同様に作る。ただし2で卵とグラニュー糖といっしょにレモンの皮も加える。

2　1が熱いうちにシロップをはけでトップと側面に塗る。すぐにラップでぴったりと包み、そのまま冷ます。

3　アイシングを作る。ボウルに万能こし器で粉砂糖をふるい入れ、レモン果汁を少しずつ加えながらスプーンなどでよく混ぜる。持ち上げるとゆっくりと落ち、落ちたあとが5～6秒でなくなるくらいの硬さにする。

4　2が冷めたらオーブンを200℃に予熱する。オーブンの天板にオーブン用シートを敷いてラップをはずしたパウンドケーキをのせ、パレットナイフなどで3のアイシングをトップと側面に塗り、ピスタチオを散らす。予熱したオーブンで1分ほど加熱し、網にのせて乾かす。

--- note ---
・ガトーウィークエンドは「週末のお菓子」という意味の、レモンを使った伝統的な焼き菓子。パウンド型で作るもっともポピュラーなお菓子のひとつ。

・ロースト済みでないピスタチオの場合は160℃に予熱したオーブンで5分ほど焼く。

レモンとバジル［H］

【 材料と下準備 】18cmパウンド型1台分

レモンコンフィ

水…40g
グラニュー糖…40g
レモンの輪切り(厚さ2mm)
　…5枚
全卵…2個分(100g)
　>常温にもどす
グラニュー糖…80g
塩…ひとつまみ

レモンの皮…1/2個分
　>すりおろす
　　オリーブオイル…50g
A　バジルの葉…6g
　　>みじん切りにする
　>混ぜ合わせる
レモン果汁…10g

　　薄力粉…100g
B　ベーキングパウダー
　　…小さじ1/2
　>合わせてふるう
牛乳…40g

＊型にオーブン用シートを敷く。→P8
＊オーブンはほどよいタイミングで180℃
　に予熱する。

【 作り方 】

1　レモンコンフィを作る。小鍋に水とグラニュー糖を入れ、軽く混ぜて中火で熱し、グラニュー糖が溶けたらレモンの輪切りを並べ入れる。落としぶたをして弱火にし、レモンの薄皮が透明になるまで8～10分煮る。そのまま冷ます。

2　P14「基本の生地③ オイル生地」1～6と同様に作る。ただし1で卵とグラニュー糖といっしょに塩とレモンの皮も加える。2でサラダ油の代わりにAを加え、全体がなじんだら低速で混ぜる前にレモン果汁を加える。3でAの代わりにBを加える。5で切り込みは入れずにいったん取り出して1のレモンコンフィをのせる。

--- note ---
・レモンとバジルのすがすがしい香りが、オリーブオイルの風味とよく合う。

・少し軽めの食感にしたい場合は、オリーブオイルの半量をサラダ油にするとよい。

レモンカード ［Q］

【 材料と下準備 】18cmパウンド型1台分

レモンカード
- 全卵・・・1個分(50g)
- グラニュー糖・・・40g
- コーンスターチ・・・5g
- レモン果汁・・・40g
- バター (食塩不使用)・・・15g
  > 冷蔵室で冷やしておく

クランブル
- 発酵バター (食塩不使用)・・・20g
  > 冷蔵室で冷やしておく
- グラニュー糖・・・20g
- 薄力粉・・・20g
- アーモンドパウダー・・・20g
- 塩・・・ひとつまみ

発酵バター (食塩不使用)・・・105g
  > 常温にもどす

グラニュー糖・・・105g

レモンの皮・・・1/2個分
  > すりおろす

全卵・・・2個分(100g)
  > 常温にもどし、フォークでほぐす

A
- 薄力粉・・・95g
- アーモンドパウダー・・・10g
- ベーキングパウダー ・・・小さじ1/4
  > 合わせてふるう

粉砂糖・・・適量

＊型にオーブン用シートを敷く。→P8
＊オーブンはほどよいタイミングで180℃
に予熱する。

コーンスターチ
とうもろこしを原料とするでんぷん。料理ではとろみをつけるときによく用いられる。

【 作り方 】

1 レモンカードを作る。ボウルに卵、グラニュー糖、コーンスターチの順に入れ、そのつど泡立て器で混ぜる。全体がなじんだらレモン果汁を加え、さっと混ぜる。

2 小鍋に 1 を入れて中火で熱し、泡立て器で絶えず混ぜながら加熱する。もったりとしたクリーム状になり、泡立て器の筋のあとが残るくらいになったら火を止め ⓐ、バターを加えて余熱で溶かしながら混ぜる。

3 万能こし器などでこしながらラップを敷いた耐熱バットに移す ⓑ。厚みが 2cmほどの長方形になるように整えながらラップでぴったりと包み ⓒ、冷凍室で冷やし固める。包丁で16等分に切り、40g、40g、30gに分けて ⓓ 再び冷凍室に入れておく。レモンカードのできあがり。

4 クランブルを作る。ボウルにクランブルの材料をすべて入れ、カードでバターを切りながら粉類などをまぶす。バターが小さくなったら、さらに指先でつぶすようにして手早くすり混ぜる ⓔ。全体がなじみ、バターがそぼろ状になったら冷凍室で冷やし固める。

5 別のボウルにバター、グラニュー糖、レモンの皮を入れ、ゴムべらでグラニュー糖が完全になじむまですり混ぜる。

6 ハンドミキサーの高速で全体にしっかりと空気を含ませるようにしながら2分〜 2分30秒混ぜる。

7 卵を10回ほどに分けて加え、そのつどハンドミキサーの高速で30秒〜 1分混ぜる。

8 Aを加え、片手でボウルを回しながら、ゴムべらで底から大きくすくい返すようにして全体を 20 〜 25回混ぜる。粉けが少し残るくらいでOK。

9 ボウルの側面やゴムべらについた生地を落とし、同様に5 〜 10回混ぜる。粉けがなくなり、表面につやが出たらOK。

10 型に 9 の1/3量を入れてスプーンの背などで表面を平らにならし、周囲を2cmほど残して 3 のレモンカード40gをのせる ⓕ。これをもう一度繰り返し、残りの 9 を入れて表面を平らにならし、残りのレモンカード30gをのせる。すき間に 4 のクランブルをのせ ⓖ、予熱したオーブンで50分ほど焼く。

11 クランブルに焼き色がつき、竹串を刺してもなにもついてこなければできあがり。オーブン用シートごと型からはずし、網にのせて冷ます。粉砂糖を茶こしに入れてふる。

— note —
・濃厚でもったりとしたレモンカード、ほろほろとしたクランブルの食感が格別。
・レモンカードはだまにならないよう、絶えず混ぜながら加熱すること。冷やし固めたものを40g、40g、30gに分ける際はだいたいでOK。

バナナとカルダモン［H］
>P38

バナナケーキ［Q］
>P38

バナナのケーク

カルダモンを加えてちょっと大人っぽくしたり、
チョコと合わせて食べごたえを出したりしました。
いたみやすいので冷蔵室で保存を。

チョコとバナナのブラウニー風 [Q]
>P39

バナナとカルダモン ［H］

【 材料と下準備 】18cmパウンド型1台分

全卵・・・2個分(100g)
　＞常温にもどす

きび砂糖・・・80g

サラダ油・・・50g

バナナ・・・50g＋1本
　＞50gはフォークの背でつぶしてピュ
　　レ状にする(a)

```
┌ 薄力粉・・・100g
│   ベーキングパウダー
A        ・・・小さじ1/2
└   カルダモンパウダー ・・・小さじ1
```
　＞合わせてふるう

牛乳・・・50g

＊型にオーブン用シートを敷く。→P8
＊オーブンはほどよいタイミングで180℃
　に予熱する。

【 作り方 】

1　ボウルに卵ときび砂糖を入れ、ハンドミキサーでスイッチを入れずに軽く混ぜてから高速で1分ほど混ぜる。

2　サラダ油を4 〜 5回に分けて加え、そのつどハンドミキサーの高速で10秒ほど混ぜる。全体になじんだら低速にしてさらに1分ほど混ぜ、きめを整える。

3　ピュレ状にしたバナナ50gを加え、ゴムべらでざっと混ぜる。 Aを加え、片手でボウルを回しながら、底から大きくすくい返すようにして全体を20回ほど混ぜる。粉けが少し残るくらいでOK。

4　牛乳を5 〜 6回に分けてゴムべらに伝わせながら加え、そのつど同様に5回ほど混ぜ、最後はさらに5回ほど混ぜる。粉けがなくなり、表面につやが出たらOK。

5　型に4を入れ、底を台に2 〜 3回打ちつけて余分な空気を抜き、予熱したオーブンで30 〜 35分焼く。生地を焼き始めて5分ほどたったら、バナナ1本を縦半分に切る(b)。型をいったん取り出してバナナの切り口を上にしてのせ、すぐにオーブンに戻して再び焼く。

6　表面に軽く焼き色がつき、竹串を刺してもなにもついてこなければできあがり。型の底を2 〜 3回たたいてからオーブン用シートごと型からはずし、網にのせて冷ます。

> —— note ——
> ・バナナの甘みにカルダモンの清涼感が加わり、すっきりとしたあと味に。
> ・ピュレ状にしたバナナが入るので、基本の生地よりもっちりとした食感になる。

バナナケーキ ［Q］

【 材料と下準備 】18cmパウンド型1台分

発酵バター (食塩不使用)・・・115g
　＞常温にもどす

グラニュー糖・・・100g

全卵・・・2個分(100g)
　＞常温にもどし、フォークでほぐす

バナナ・・・55g＋75g
　＞55gはフォークの背でつぶしてピュ
　　レ状にし、75gは1cm未満のかたま
　　りが残る程度にフォークの背で粗く
　　つぶす(a)

```
┌ 薄力粉・・・130g
A   ベーキングパウダー ・・・小さじ1弱
```
　＞合わせてふるう

＊型にオーブン用シートを敷く。→P8
＊オーブンはほどよいタイミングで180℃
　に予熱する。

【 作り方 】

1　ボウルにバターとグラニュー糖を入れ、ゴムべらでグラニュー糖が完全になじむまですり混ぜる。

2　ハンドミキサーの高速で全体にしっかりと空気を含ませるようにしながら2分〜 2分30秒混ぜる。

3　卵を10回ほどに分けて加え、そのつどハンドミキサーの高速で30秒〜 1分混ぜる。

4　ピュレ状にしたバナナ55gを加え、ゴムべらでざっと混ぜる。 Aを加え、片手でボウルを回しながら、底から大きくすくい返すようにして全体を20 〜 25回混ぜる。粉けが少し残るくらいでOK。

5　ボウルの側面やゴムべらについた生地を落とし、粗くつぶしたバナナ75gを加えて同様に5 〜 10回混ぜる。粉けがなくなり、表面につやが出たらOK。

6　型に5を入れ、底を台に2 〜 3回打ちつけて生地をならし、ゴムべらで中央をくぼませて予熱したオーブンで45分ほど焼く。途中、15分ほどたったら水で濡らしたナイフで中央に切り込みを入れる。

7　裂け目に軽く焼き色がつき、竹串を刺してもなにもついてこなければできあがり。オーブン用シートごと型からはずし、網にのせて冷ます。

> —— note ——
> ・バナナの自然な甘みが感じられる素朴でやさしい味。私の著書『やさしい甘さのバナナケーキ、食事にもなるキャロットケーキ』のレシピをさらに改良したもの。

チョコとバナナのブラウニー風 [Q]

【 材料と下準備 】直径15cm丸型1台分

発酵バター（食塩不使用）・・・100g
> 常温にもどす

塩・・・ふたつまみ

グラニュー糖・・・110g

全卵・・・2個分（100g）
> 常温にもどし、フォークでほぐす

製菓用チョコレート（スイート）・・・75g
> 細かく刻んでボウルに入れ、湯せ
  んで溶かす ⓐ

ラム酒・・・小さじ2

生クリーム（乳脂肪分35%）・・・30g

薄力粉・・・50g

バナナ・・・40g + 25g
> 40gは1cm角に、25gは厚さ5mmの輪
  切りにする ⓑ

ホイップクリーム
  生クリーム（乳脂肪分35%）・・・170g
  グラニュー糖・・・15g

＊型にオーブン用シートを敷く。→P9
＊オーブンはほどよいタイミングで180℃
 に予熱する。

製菓用チョコレート
（スイート）
カカオ分70%、VALRHONA
の「グアナラ」を使用。カ
カオの風味が強く、チョ
コレート本来の苦みが味
わえる。

ラム酒
サトウキビの糖みつや絞り
汁が原料の蒸留酒。ダーク、
ゴールド、ホワイトに分け
られ、菓子作りにはダー
クがよく使われる。

生クリーム（乳脂肪分35%）
動物性の生クリームを使用
すること。乳脂肪分は35%
前後のものがおすすめ。

【 作り方 】

1 ボウルにバター、塩、グラニュー糖を入れ、ゴムべらで塩とグラ
  ニュー糖が完全になじむまですり混ぜる。

2 ハンドミキサーの高速で全体にしっかりと空気を含ませるようにし
  ながら2分〜2分30秒混ぜる。

3 卵を10回ほどに分けて加え、そのつどハンドミキサーの高速で30
  秒〜1分混ぜる。

4 チョコレートのボウルに3の1/5量を加えて泡立て器で混ぜてなじま
  せ ⓒ、3のボウルに戻し入れる ⓓ。ラム酒、生クリームの順に加え、
  そのつど泡立て器で全体になじむまで混ぜる。

5 薄力粉をふるいながら加え、大きく混ぜる。粉けがなくなり、表面
  につやが出たら1cm角に切ったバナナ40gを加え、ゴムべらでざっ
  と混ぜる。

6 型に5を入れ、底を台に2〜3回打ちつけて生地をならす。輪切り
  にしたバナナ25gをのせ、予熱したオーブンで50分ほど焼く。

7 表面に軽く焼き色がつき、竹串を刺してみて、端は生地がなにもつ
  かず、中心は少し生地がついてくる状態になればできあがり。型ご
  と網にのせて冷ます。

8 ホイップクリームを作る。ボウルに生クリームとグラニュー糖を入
  れ、ボウルの底を氷水にあてながら泡立て器で混ぜる。とろみが
  強くなり、すくうと流れ落ちたあとが残るくらいになったらOK（七
  分立て）。

9 7をオーブン用シートごと型からはずし、好みの大きさに切り分け
  て8のホイップクリームをかける。

─── note ───

・ラム酒と塩を利かせた少し大人向けのブラウニー風。好みでナッツを混ぜ込ん
  だり、表面に散らしたりしてもよい。
・子ども用に酒類を抜きたい場合は、ラム酒は入れなくても構わない。
・チョコレートは卵液を少し混ぜてなじませ、濃度を近づけてから加えるとだま
  や混ぜむらが防げる。
・焼きたては膨らんでいるが、時間がたつとしぼむ。しっとりとした生地なので、
  型に入れたまま冷ます。
・バナナはいたみやすいので冷蔵室で保存するとよい。保存の目安は4〜5日。

夏のさっぱりとしたフルーツは
ケークとの相性が抜群。
暑い季節にもおいしいレシピができました。

ライムとヨーグルト［H］
>P42

ブルーベリーとココナッツ［Q］
>P42

グレープフルーツとミルクチョコ［G］
>P43

マンゴーと
パッションフルーツ［Q］
>P43

ブルーベリーとココナッツ［Q］

【材料と下準備】18cmパウンド型1台分

発酵バター（食塩不使用）···105g
>常温にもどす
グラニュー糖···105g
レモンの皮···1/2個分
全卵···2個分(100g)
>常温にもどし、フォークでほぐす

A 薄力粉···105g
　ベーキングパウダー
　　···小さじ1/4
>合わせてふるう

ココナッツファイン···25g + 10g
ブルーベリー···70g

＊型にオーブン用シートを敷く。→P8
＊オーブンはほどよいタイミングで180℃に予熱する。

--- note ---
・レモンの酸味が素材の味を引き立てる。

【作り方】

1 ボウルにバターとグラニュー糖を入れ、レモンの皮をすりおろしながら加える。ゴムべらでグラニュー糖が完全になじむまですり混ぜる。

2 ハンドミキサーの高速で全体にしっかりと空気を含ませるようにしながら2分〜2分30秒混ぜる。

3 卵を10回ほどに分けて加え、そのつどハンドミキサーの高速で30秒〜1分混ぜる。

4 Aとココナッツファイン25gを加え、片手でボウルを回しながら、ゴムべらで底から大きくすくい返すようにして全体を20〜25回混ぜる。粉けが少し残るくらいでOK。

5 ボウルの側面やゴムべらについた生地を落とし、同様に5〜10回混ぜる。粉けがなくなり、表面につや

が出たらOK。

6 型に5の1/3量を入れてスプーンの背などで表面を平らにならし、周囲を2cmほど残してブルーベリーの1/2量をのせるⒶ。これをもう一度繰り返し、残りの5を入れて表面を平らにならす。ココナッツファイン10gを散らし、予熱したオーブンで45分ほど焼く。途中、15分ほどたったら水で濡らしたナイフで中央に切り込みを入れる。

7 裂け目に軽く焼き色がつき、竹串を刺してもなにもついてこなければできあがり。オーブン用シートごと型からはずし、網にのせて冷ます。

ライムとヨーグルト［H］

【材料と下準備】18cmパウンド型1台分

全卵···2個分(100g)
>常温にもどす
グラニュー糖···80g
サラダ油···50g

A プレーンヨーグルト(無糖)
　　···120g
　ライムの皮···1/2個分
　　>すりおろす
　ライム果汁···大さじ1
>混ぜ合わせる

B 薄力粉···120g
　ベーキングパウダー
　　···小さじ1/2
>合わせてふるう

アイシング
　粉砂糖···40g
　ライム果汁···小さじ1と1/2
ライムの皮···適量

＊型にオーブン用シートを敷く。→P8
＊オーブンはほどよいタイミングで180℃に予熱する。

【作り方】

1 ボウルに卵とグラニュー糖を入れ、ハンドミキサーでスイッチを入れずに軽く混ぜてから高速で1分ほど混ぜる。

2 サラダ油を4〜5回に分けて加え、そのつどハンドミキサーの高速で10秒ほど混ぜる。全体になじんだら低速にして1分ほど混ぜ、きめを整える。Aを加え、さらに低速で10秒ほど混ぜる。

3 Bを加え、片手でボウルを回しながら、ゴムべらで底から大きくすくい返すようにして全体を35回ほど混ぜる。粉けがなくなり、表面につやが出たらOK。

4 型に3を入れ、底を台に2〜3回打ちつけて余分な空気を抜き、予熱したオーブンで30分ほど焼く。途中、10分ほどたったら水で濡らしたナイフで中央に切り込みを入れる。

5 裂け目に軽く焼き色がつき、竹串を刺してもなにもついてこなければできあがり。型の底を2〜3回たたいてからオーブン用シートごと型からはずし、網にのせて冷ます。

6 アイシングを作る。ボウルに万能こし器で粉砂糖をふるい入れ、ライム果汁を少しずつ加えながらスプーンなどでよく混ぜる。持ち上げるとゆっくりと落ち、落ちたあとが10秒ほどでなくなるくらいの硬さにする。

7 5が冷めたらオーブンを200℃に予熱する。オーブンの天板にオーブン用シートを敷いてパウンドケーキをのせ、スプーンで6のアイシングをトップにかける。予熱したオーブンで1分ほど加熱し、網にのせて乾かし、ライムの皮をすりおろしながらかける。

--- note ---
・ヨーグルト入りのさわやかなケーキ。ライムの代わりに別の柑橘類を使用してもよい。

グレープフルーツとミルクチョコ［G］

【材料と下準備】18cmパウンド型1台分

発酵バター（食塩不使用）・・・80g

全卵・・・2個分（100g）

グラニュー糖・・・80g

ピンクグレープフルーツ
・・・1個（果肉は50g）

> 皮は1/2個分をすりおろす。残りは上下を薄く切り落とし、皮を薄皮ごと縦に切り落とす ⓐ。薄皮と果肉の間に包丁を入れて1房ずつ果肉を取り出し、手で細かくほぐす。ざるに上げ、汁けをきる ⓑ

薄力粉・・・100g

製菓用チョコレート（ミルク）・・・15g

> 細かく刻む

＊湯せん用の湯（約70℃）を用意する。

＊型にオーブン用シートを敷く。→P8

＊オーブンはほどよいタイミングで170℃に予熱する。

---
note
- グレープフルーツはルビーがかわいいがホワイトでも可。果肉はつぶさないようやさしくほぐす。

【作り方】

1 ボウルにバターを入れ、湯せんにかけて溶かし、いったん湯せんからはずす（2で卵液のボウルを湯せんからはずしたら再び湯せんにかけておく）。

2 別のボウルに卵、グラニュー糖、グレープフルーツの皮を入れ、ハンドミキサーでスイッチを入れずに軽く混ぜる。さらに湯せんにかけながら低速で20秒ほど混ぜ、湯せんからはずす。高速にして全体に空気を含ませるようにしながら2分〜2分30秒混ぜ、低速にして1分ほど混ぜてきめを整える。

3 薄力粉をふるいながら加え、片手でボウルを回しながら、ゴムべらで底から大きくすくい返すようにして全体を20回ほど混ぜる。粉が少し残るくらいでOK。

4 1のバターを5〜6回に分けてゴムべらに伝わせながら加え、そのつど同様に5〜10回混ぜる。粉けがなくなり、表面につやが出たらグレープフルーツの果肉とチョコレートを加え、大きく2〜3回混ぜる。

5 型に4を入れ、底を台に2〜3回打ちつけて、予熱したオーブンで30〜35分焼く。途中、10分ほどたったら水で濡らしたナイフで中央に切り込みを入れる。

6 裂け目に軽く焼き色がつき、竹串を刺してもなにもついてこなければできあがり。型の底を2〜3回たたいてからオーブン用シートごと型からはずし、網にのせて冷ます。

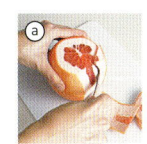

マンゴーとパッションフルーツ［Q］

【材料と下準備】18cmパウンド型1台分

マンゴーとパッションフルーツのコンフィチュール

　冷凍マンゴー・・・120g

　グラニュー糖・・・30g

　パッションフルーツ・・・1個（40g）

　レモン果汁・・・大さじ1

発酵バター（食塩不使用）・・・105g

> 常温にもどす

グラニュー糖・・・105g

全卵・・・2個分（100g）

> 常温にもどし、フォークでほぐす

A「薄力粉・・・105g
 └ ベーキングパウダー・・・小さじ1/4

> 合わせてふるう

クリームチーズ・・・40g

> 粗くちぎる

＊型にオーブン用シートを敷く。→P8

＊オーブンはほどよいタイミングで180℃に予熱する。

【作り方】

1 マンゴーとパッションフルーツのコンフィチュールを作る。小鍋にマンゴーとグラニュー糖を入れて中火で熱し、ときどき木べらなどでマンゴーを形が残る程度に粗くつぶし、全体を混ぜながら5分ほど煮る。とろみがついたら火を止め、パッションフルーツを横半分に切って種と果汁を加え、さらにレモン果汁を加える。再び中火で熱し、煮立ったら2〜3分煮詰め ⓐ、耐熱ボウルに移して冷まし、冷蔵室で冷やす。

2 左ページの「ブルーベリーとココナッツ」1〜7と同様に作る。ただし1でレモンの皮は不要。4でココナッツファインは不要。6でブルーベリーの1/2量の代わりに1のマンゴーとパッションフルーツのコンフィチュールの1/2量、クリームチーズの1/2量を順にのせる ⓑ。ココナッツファインは不要。

---
note
- コンフィチュールのこっくりとした甘みと酸味、クリームチーズのまろやかさが魅力のケーク。
- コンフィチュールはマンゴーの一部をオレンジにかえたり、バナナを加えたりなど、トロピカルなフルーツで代用可能。仕上がりの目安は約80g。

ハーブのケーク

ハーブを加えてさっぱりとさせたパウンドケーキなら、
夏でもぱくぱく食べられてしまいます。
慣れてきたらいろんなハーブで
アレンジしてみてください。

ミントとチョコ［G］

【 材料と下準備 】18cmパウンド型1台分

発酵バター（食塩不使用）・・・80g

全卵・・・2個分（100g）

グラニュー糖・・・80g

薄力粉・・・90g

ミントの葉・・・8g
　>せん切りにする

製菓用チョコレート（スイート）
　・・・10g
　>細かく刻む

チョコソース
　製菓用チョコレート（スイート）
　　・・・50g
　牛乳・・・50g
　サラダ油・・・10g

＊湯せん用の湯（約70℃）を用意する。
＊型にオーブン用シートを敷く。→P8
＊オーブンはほどよいタイミングで170℃
　に予熱する。

【 作り方 】

1　ボウルにバターを入れ、湯せんにかけて溶かし、いったん湯せんからはずす（2で卵液のボウルを湯せんからはずしたら再び湯せんにかけておく）。

2　別のボウルに卵とグラニュー糖を入れ、ハンドミキサーでスイッチを入れずに軽く混ぜる。さらに湯せんにかけながら低速で20秒ほど混ぜ、湯せんからはずす。高速にして全体にしっかりと空気を含ませるようにしながら2分～2分30秒混ぜ、低速にして1分ほど混ぜてきめを整える。

3　薄力粉をふるいながら加え、片手でボウルを回しながら、ゴムべらで底から大きくすくい返すようにして全体を20回ほど混ぜる。粉けが少し残るくらいでOK。

4　1のバターを5～6回に分けてゴムべらに伝わせながら加え、そのつど同様に5～10回混ぜる。粉けがなくなり、表面につやが出たらミントの葉とチョコレートを加え、大きく5回ほど混ぜる。

5　型に4を入れ、底を台に2～3回打ちつけて余分な空気を抜き、予熱したオーブンで30～35分焼く。途中、10分ほどたったら水で濡らしたナイフで中央に切り込みを入れる。

6　裂け目に軽く焼き色がつき、竹串を刺してもなにもついてこなければできあがり。型の底を2～3回たたいてからオーブン用シートごと型からはずし、網にのせて冷ます。

7　チョコソースを作る。チョコレートは細かく刻んでボウルに入れ、湯せんにかけながらゴムべらで混ぜて溶かしⓐ、湯せんからはずす。耐熱カップに牛乳を入れ、ラップをせずに電子レンジで煮立つ直前になるまで50～55秒加熱する。チョコレートのボウルに牛乳、サラダ油の順に加え、そのつど静かに混ぜて全体になじませる。

8　6を好みの大きさに切り分け、7のチョコソースをかける。

---

note

・ミントをしっかり感じるさわやかなケーク。濃厚なチョコソースをかけることでさらにミントの香りが引き立つ。

ⓐ

ハーブとはちみつ［G］

【 材料と下準備 】18cmパウンド型1台分

発酵バター（食塩不使用）・・・80g

全卵・・・2個分（100g）

グラニュー糖・・・50g

はちみつ・・・30g

タイム・・・1本＋適量
　>1本は葉を摘む

ローズマリー・・・1/3本＋適量
　>1/3本は葉を摘み、みじん切りにする

薄力粉・・・95g

＊湯せん用の湯（約70℃）を用意する。
＊型にオーブン用シートを敷く。→P8
＊オーブンはほどよいタイミングで170℃に
　予熱する。

【 作り方 】

1　上の「ミントとチョコ」1～6と同様に作る。ただし2で卵とグラニュー糖といっしょにはちみつも加え、低速できめを整える前にタイムの葉1本分とみじん切りにしたローズマリーの葉1/3本分を加える。4でミントの葉とチョコレートは不要。5で型の底を打ちつけたら、タイムとローズマリー各適量をのせてから焼く。途中で切り込みを入れる必要はない。

---

note

・生地に加えるタイムの葉とローズマリーの葉は、それぞれ小さじ1/2が目安。
・はちみつといっしょに好みで柑橘類の皮のすりおろし適量を加えてもよい。

夏のケークサレ

オイルで作るケークサレは
生地が軽いので夏にもぴったり。
キムチ（P49）が意外なほどよく合うのでぜひお試しを。

オリーブとミニトマト [S]

【材料と下準備】18cmパウンド型1台分

全卵・・・2個分(100g)
>常温にもどす

サラダ油・・・60g

牛乳・・・50g

粉チーズ・・・30g

ツナ(缶詰・油漬け)・・・60g
>缶汁をきり、軽くほぐす@

黒オリーブ(種なし)・・・6個＋4個
>6個は幅2〜3mmに切り、4個は半分に切るⓑ

アンチョビー (フィレ)・・・4枚＋2枚
>4枚はみじん切りにし、2枚は半分にちぎる

ミニトマト・・・6個＋6個

A
薄力粉・・・100g
ベーキングパウダー ・・・小さじ1
塩・・・小さじ1/4
粗びき黒こしょう・・・少々
>合わせてふるう

＊型にオーブン用シートを敷く。→P8
＊オーブンはほどよいタイミングで180℃に予熱する。

【作り方】

1 ボウルに卵とサラダ油を入れ、泡立て器で完全になじむまでしっかり混ぜる。牛乳を加え、同様に混ぜる。

2 粉チーズ、ツナ、幅2〜3mmに切った黒オリーブ6個、みじん切りにしたアンチョビー4枚、ミニトマト6個を加え、菜箸で軽く混ぜる。

3 Aを加え、片手でボウルを回しながら、菜箸で底から大きくすくい返すようにして全体を15〜20回混ぜる。ゴムべらでボウルの側面の生地を落とし、同様に1〜2回混ぜる。粉けがほんの少し残るくらいでOK。

4 型に3を入れ、底を台に2〜3回打ちつけて余分な空気を抜き、ゴムべらで表面を軽くならす。半分に切った黒オリーブ4個、半分にちぎったアンチョビー2枚、ミニトマト6個をのせ、予熱したオーブンで30〜35分焼く。

5 表面に軽く焼き色がつき、竹串を刺してもなにもついてこなければできあがり。型ごと網にのせ、粗熱がとれたらオーブン用シートごとはずして冷ます。

--- note ---
・南仏のニース風サラダをイメージしたケーク。うずらの卵を入れたり、タイムやローズマリーをのせたりしても合う。
・ツナはあればチャンクタイプがおすすめ。

とうもろこしのバターしょうゆ味 [S]

【材料と下準備】18cmパウンド型1台分

とうもろこしのソテー
バター (食塩不使用)・・・10g
ベーコン(ブロック)・・・70g
>1cm角に切る
ホールコーン(缶詰)・・・180g
>缶汁をきる
しょうゆ・・・小さじ2

全卵・・・2個分(100g)
>常温にもどす

サラダ油・・・60g

牛乳・・・50g

グリュイエール
(シュレッドタイプ)・・・30g

A
薄力粉・・・100g
ベーキングパウダー ・・・小さじ1
塩・・・小さじ1/4
粗びき黒こしょう・・・少々
>合わせてふるう

＊型にオーブン用シートを敷く。→P8
＊オーブンはほどよいタイミングで180℃に予熱する。

【作り方】

1 とうもろこしのソテーを作る。フライパンにバターを中火で熱して溶かし、ベーコンとコーンを炒める。コーンに少し焼き色がついたら@鍋肌に沿ってしょうゆを加え、バットに取り出して冷ます。

2 上の「オリーブとミニトマト」1〜5と同様に作る。ただし2で粉チーズ、ツナ、黒オリーブ、アンチョビー、ミニトマトの代わりにグリュイエールと1のとうもろこしのソテーを加える。4で黒オリーブ、アンチョビー、ミニトマトは不要。

--- note ---
・このレシピには粉チーズよりもグリュイエールの香りがよく合う。

シーフードカレー ［S］

【 材料と下準備 】 18cmパウンド型1台分

全卵・・・2個分（100g）
> 常温にもどす

サラダ油・・・60g

牛乳・・・50g

粉チーズ・・・30g

シーフードのソテー
- サラダ油・・・大さじ1/2
- 冷凍シーフードミックス・・・200g
  > 解凍してペーパータオルで水けを
  拭き取る
- グリーンアスパラガス・・・70g
  > 硬い部分の皮をむき、穂先は長さ
  7cm、残りは長さ4cmに切る ⓐ
> フライパンにサラダ油を中火で熱し、
  シーフードミックスを炒める。火が
  通ったらアスパラガスを加えてさっ
  と炒め合わせ、バットに取り出して
  冷ます。トッピング用にアスパラガ
  スの穂先を取り分ける

A
- 薄力粉・・・100g
- ベーキングパウダー ・・・小さじ1
- カレー粉・・・小さじ1と1/2
- 塩・・・小さじ1/4
- 粗びき黒こしょう・・・少々
  > 合わせてふるう

粗びき黒こしょう・・・適量

＊型にオーブン用シートを敷く。→P8
＊オーブンはほどよいタイミングで180℃
に予熱する。

【 作り方 】

1　ボウルに卵とサラダ油を入れ、泡立て器で完全になじむまでしっかり混ぜる。牛乳を加え、同様に混ぜる。

2　粉チーズとシーフードのソテーを加え、菜箸で軽く混ぜる。

3　Aを加え、片手でボウルを回しながら、菜箸で底から大きくすくい返すようにして全体を15〜20回混ぜる。ゴムべらでボウルの側面の生地を落とし、同様に1〜2回混ぜる。粉けがほんの少し残るくらいでOK。

4　型に3を入れ、底を台に2〜3回打ちつけて余分な空気を抜き、ゴムべらで表面を軽くならす。アスパラガスの穂先をのせて粗びき黒こしょうをふり、予熱したオーブンで30〜35分焼く。

5　表面に軽く焼き色がつき、竹串を刺してもなにもついてこなければできあがり。型ごと網にのせ、粗熱がとれたらオーブン用シートごとはずして冷ます。

--- note ---
・子どもも食べやすいカレー風味。
・シーフードミックスとアスパラガスの食感のコントラストが◎。シーフードミックスは好みのものでOK。水っぽくならないよう、水けをよく拭くこと。

キムチと韓国のり ［S］

【 材料と下準備 】 18cmパウンド型1台分

全卵・・・2個分（100g）
> 常温にもどす

サラダ油・・・60g

牛乳・・・25g

白菜キムチ・・・120g
> 軽く汁けをきり、粗みじん切り
  にする

韓国のり（8切りサイズ）
・・・4枚＋2枚

A
- 薄力粉・・・100g
- ベーキングパウダー
  ・・・小さじ1
- 塩・・・小さじ1/4
  > 合わせてふるう

白いりごま・・・適量

＊型にオーブン用シートを敷く。→P8
＊オーブンはほどよいタイミングで
180℃に予熱する。

【 作り方 】

1　上の「シーフードカレー」1〜5と同様に作る。ただし2で粉チーズとシーフードのソテーの代わりにキムチを加え、軽く混ぜた後に韓国のり4枚をひと口大にちぎって加え、ざっと混ぜる。4でアスパラガスと粗びき黒こしょうの代わりに韓国のり2枚を半分にちぎって刺し込み ⓐ、ごまをふる。

--- note ---
・韓国風のケーク。キムチと韓国のりを加えるだけなので下準備も簡単。
・キムチに水分があるので牛乳の量を減らしている。また、キムチに味がしっかりついているのでAに粗びき黒こしょうは入れなくてよい。

Automne

味わい深い秋のケーク

マロンとカシス［Q］
>P52

干し柿とブランデー［Q］
>P52

実りの秋のケーク

食材が豊富になる秋はパウンドケーキとの
組み合わせもいくらでも思いつきそう。
お菓子の季節の始まりです。

かぼちゃとクランベリー［H］
>P53

マロンとカシス［Q］

【 材料と下準備 】18cmパウンド型1台分

栗の渋皮煮・・・100g

ラム酒・・・大さじ1＋20g

発酵バター（食塩不使用）・・・105g
  >常温にもどす

グラニュー糖・・・105g

全卵・・・2個分（100g）
  >常温にもどし、フォークでほぐす

┌ 薄力粉・・・90g
│ アーモンドパウダー・・・15g
A ベーキングパウダー
│   ・・・小さじ1/4
└ >合わせてふるう

冷凍カシス・・・20g

＊型にオーブン用シートを敷く。→P8
＊オーブンはほどよいタイミングで180℃
  に予熱する。

【 作り方 】

1 栗は4等分に切り、ラム酒大さじ1と合わせて⑧30分以上おく。

2 ボウルにバターとグラニュー糖を入れ、ゴムべらでグラニュー糖が完全になじむまですり混ぜる。

3 ハンドミキサーの高速で全体にしっかりと空気を含ませるようにしながら2分〜2分30秒混ぜる。

4 卵を10回ほどに分けて加え、そのつどハンドミキサーの高速で30秒〜1分混ぜる。

5 1の栗（ラム酒ごと）を加え、ゴムべらでざっと混ぜる。Aを加え、片手でボウルを回しながら、底から大きくすくい返すようにして全体を20〜25回混ぜる。粉けが少し残るくらいでOK。

6 ボウルの側面やゴムべらについた生地を落とし、同様に5〜10回混ぜる。粉けがなくなり、表面につやが出たらカシスを加え、大きく3〜5回混ぜる。

7 型に6を入れ、底を台に2〜3回打ちつけて生地をならし、ゴムべらで中央をくぼませて予熱したオーブンで50分ほど焼く。途中、15分ほどたったら水で濡らしたナイフで中央に切り込みを入れる。

8 裂け目に軽く焼き色がつき、竹串を刺してもなにもついてこなければできあがり。オーブン用シートごと型からはずし、網にのせて、熱いうちにラム酒20gをはけでトップと側面に塗る。すぐにラップでぴったりと包み、そのまま冷ます。

─── note ───
・フランス菓子ではおなじみの必ずおいしくなる組み合わせ。
・カシスは解凍すると水っぽくなるので使用する直前まで冷凍室に入れておく。
・子ども用にアルコールを抜きたい場合は、ラム酒は使用しなくてもよい。

干し柿とブランデー［Q］

【 材料と下準備 】18cmパウンド型1台分

干し柿・・・100g

ブランデー・・・大さじ2＋20g

発酵バター（食塩不使用）・・・105g
  >常温にもどす

グラニュー糖・・・105g

全卵・・・2個分（100g）
  >常温にもどし、フォークでほぐす

┌ 薄力粉・・・105g
A ベーキングパウダー
│   ・・・小さじ1/4
└ >合わせてふるう

＊型にオーブン用シートを敷く。→P8
＊オーブンはほどよいタイミングで180℃
  に予熱する。

【 作り方 】

1 上の「マロンとカシス」1〜8と同様に作る。ただし1で栗の代わりに干し柿を粗く刻み、ブランデー大さじ2と合わせて⑧3時間〜ひと晩おく。5で栗の代わりに干し柿を加える。6でカシスは不要。8でラム酒の代わりにブランデー20gを塗る。

─── note ───
・和の食材を使ったブランデーケーキ。芳醇な香りが楽しめる大人向けの味。
・干し柿にブランデーがしみ込んでいない場合は、残ったブランデーもいっしょに加えて混ぜる。

かぼちゃとクランベリー [H]

【 材料と下準備 】18cmパウンド型1台分

全卵・・・2個分（100g）
　＞常温にもどす

きび砂糖・・・80g

サラダ油・・・50g

かぼちゃ（皮を取ったもの）・・・120g
　＞薄切りにして耐熱ボウルに入れ、
　　ラップをして電子レンジで3分ほど
　　加熱する。熱いうちにフォークで
　　細かくつぶす ⓐ

ドライクランベリー ・・・50g
　＞熱湯をかけ ⓑ、ペーパータオルで
　　水けを拭き取る

A ┌ 薄力粉・・・100g
　　ベーキングパウダー
　└　・・・小さじ1/2
　　＞合わせてふるう

＊型にオーブン用シートを敷く。→P8
＊オーブンはほどよいタイミングで180℃
　に予熱する。

【 作り方 】

1　ボウルに卵ときび砂糖を入れ、ハンドミキサーでスイッチを入れずに軽く混ぜてから高速で1分ほど混ぜる。

2　サラダ油を4〜5回に分けて加え、そのつどハンドミキサーの高速で10秒ほど混ぜる。全体になじんだら低速にして1分ほど混ぜ、きめを整える。かぼちゃを加え、さらに低速で10秒ほど混ぜる。

3　クランベリーを加え、ゴムべらでざっと混ぜる。Aを加え、片手でボウルを回しながら、ゴムべらで底から大きくすくい返すようにして全体を20回ほど混ぜる。粉けが少し残るくらいでOK。

4　ボウルの側面やゴムべらについた生地を落とし、同様に5〜10回混ぜる。粉けがなくなったらOK。

5　型に4を入れ、底を台に2〜3回打ちつけて余分な空気を抜き、予熱したオーブンで30〜35分焼く。途中、10分ほどたったら水で濡らしたナイフで中央に切り込みを入れる。

6　裂け目に軽く焼き色がつき、竹串を刺してもなにもついてこなければできあがり。型の底を2〜3回たたいてからオーブン用シートごと型からはずし、網にのせて冷ます。

───── **note** ─────

・かぼちゃは裏ごしせず、フォークでつぶすだけ。少し粒感を残すと食感のアクセントになる。

・かぼちゃに水分があるので牛乳は不要。

・好みでシナモンパウダーやナッツを加えてもよい。クランベリーはレーズンに代えてもOK。

秋のティータイム

ゆったりとした雰囲気の中でお茶やコーヒーを
使ったパウンドケーキをおやつに
おいしいティータイムをどうぞ。

ダージリンとぶどう［Q］
>P56

チャイ［H］
>P57

コーヒーとラムレーズン［Q］
>P56

ダージリンとぶどう［Q］

【材料と下準備】直径15cm丸型1台分

発酵バター（食塩不使用）…105g
> 常温にもどす

グラニュー糖…105g

全卵…2個分（100g）
> 常温にもどし、フォークでほぐす

┌ 薄力粉…90g
│ アーモンドパウダー…15g
A ベーキングパウダー
│ …小さじ1/4
└ > 合わせてふるう

紅茶の茶葉（ダージリン）…4g
> ラップで包み、めん棒を転がして細かくし、Aと合わせる

ぶどう…60g＋85g
> 皮つきのまま60gは4等分に切り、85gは半分に切る（種があれば取る）

アーモンドダイス（ロースト済み）
 …10g

＊型にオーブン用シートを敷く。→P9
＊オーブンはほどよいタイミングで180℃に予熱する。

【作り方】

1 ボウルにバターとグラニュー糖を入れ、ゴムべらでグラニュー糖が完全になじむまですり混ぜる。

2 ハンドミキサーの高速で全体にしっかりと空気を含ませるようにしながら2分〜2分30秒混ぜる。

3 卵を10回ほどに分けて加え、そのつどハンドミキサーの高速で30秒〜1分混ぜる。

4 紅茶の茶葉と合わせたAを加え、片手でボウルを回しながら、ゴムべらで底から大きくすくい返すようにして全体を20〜25回混ぜる。粉けが少し残るくらいでOK。

5 ボウルの側面やゴムべらについた生地を落とし、同様に5〜10回混ぜる。粉けがなくなり、表面につやが出たらOK。

6 型に5の1/2量を入れてスプーンの背などで表面を平らにならし、周囲を2cmほど残して4等分に切ったぶどう60gをのせる。残りの5を入れて表面を平らにならし、周囲を2cmほど残して半分に切ったぶどう85gをのせ、アーモンドダイスを散らす。予熱したオーブンで55分ほど焼く。

7 表面に軽く焼き色がつき、竹串を刺してもなにもついてこなければできあがり。オーブン用シートごと型からはずし、網にのせて冷ます。

コーヒーとラムレーズン［Q］

【材料と下準備】18cmパウンド型1台分

発酵バター（食塩不使用）…105g
> 常温にもどす

グラニュー糖…105g

全卵…2個分（100g）
> 常温にもどし、フォークでほぐす

ラムレーズン
│ レーズン…80g
│ ラム酒…大さじ2
> レーズンは熱湯をかけ、ペーパータオルで水けを拭き取る。ラム酒と合わせて⒜3時間〜ひと晩おく

コーヒー液
│ インスタントコーヒー（顆粒）
│ …6g
│ ラム酒…小さじ2
> インスタントコーヒーにラム酒を2回に分けて加えて溶き⒝、ラップをしておく

┌ 薄力粉…105g
A ベーキングパウダー
│ …小さじ1/4
└ > 合わせてふるう

インスタントコーヒー（顆粒）…1g

＊型にオーブン用シートを敷く。→P8
＊オーブンはほどよいタイミングで180℃に予熱する。

【作り方】

1 上の「ダージリンとぶどう」1〜5と同様に作る。ただし3で混ぜ終わった後にラムレーズン（ラム酒ごと）とコーヒー液を加え、さらに低速で10秒ほど混ぜる。4で紅茶の茶葉は不要。5で表面につやが出たらインスタントコーヒーを加え、大きく2〜3回混ぜる。

2 型に1を入れ、底を台に2〜3回打ちつけて生地をならし、ゴムべらで中央をくぼませて予熱したオーブンで50分ほど焼く。途中、15分ほどたったら水で濡らしたナイフで中央に切り込みを入れる。

3 裂け目に軽く焼き色がつき、竹串を刺してもなにもついてこなければできあがり。オーブン用シートごと型からはずし、網にのせて冷ます。

チャイ ［H］

【材料と下準備】 18cmパウンド型1台分

チャイ
- 紅茶の茶葉（アッサム）…6g
- 熱湯…20g
- 牛乳…50g

全卵　2個分（100g）
- ＞常温にもどす

きび砂糖…80g

サラダ油…50g

A
- 薄力粉…100g
- オールスパイスパウダー…小さじ1/2
- シナモンパウダー…小さじ1/4
- ベーキングパウダー…小さじ1/2
- ＞合わせてふるう

アイシング
- 粉砂糖…45g
- シナモンパウダー…小さじ1/2
- 水…小さじ1

＊型にオーブン用シートを敷く。→P8
＊オーブンはほどよいタイミングで180℃に予熱する。

紅茶の茶葉（アッサム）

インド北東部にあるアッサム地域でとれる紅茶。芳醇な香りと強いこくがあり、ミルクティーに向いている。

オールスパイスパウダー

シナモン、クローブ、ナツメグを合わせたような香りの香辛料。肉や魚、くだもの、菓子などに合う。

【作り方】

1. チャイを作る。紅茶の茶葉はラップで包み、めん棒を転がして細かくする。耐熱ボウルに入れて熱湯を注ぎ、ラップをして2分ほど蒸らす。別の耐熱ボウルに牛乳を入れ、電子レンジで40〜50秒加熱して温め、紅茶のボウルに加える⒜。再びラップをしてそのまま冷まし、香りを移す。

2. ボウルに卵ときび砂糖を入れ、ハンドミキサーでスイッチを入れずに軽く混ぜてから高速で1分ほど混ぜる。

3. サラダ油を4〜5回に分けて加え、そのつどハンドミキサーの高速で10秒ほど混ぜる。全体になじんだら低速にしてさらに1分ほど混ぜ、きめを整える。

4. Aを加え、片手でボウルを回しながら、ゴムべらで底から大きくすくい返すようにして全体を20回ほど混ぜる。粉けが少し残るくらいでOK。

5. 1のチャイ（茶葉ごと）を5〜6回に分けてゴムべらに伝わせながら加え、そのつど同様に5回ほど混ぜ、最後はさらに5回ほど混ぜる。粉けがなくなり、表面につやが出たらOK。

6. 型に5を入れ、底を台に2〜3回打ちつけて余分な空気を抜き、予熱したオーブンで30〜35分焼く。途中、10分ほどたったら水で濡らしたナイフで中央に切り込みを入れる。

7. 裂け目に軽く焼き色がつき、竹串を刺してもなにもついてこなければできあがり。型の底を2〜3回たたいてからオーブン用シートごと型からはずし、網にのせて冷ます。

8. アイシングを作る。ボウルに万能こし器で粉砂糖とシナモンパウダーをふるい入れ、水を少しずつ加えながらスプーンなどでよく混ぜる。持ち上げるとゆっくりと落ち、落ちたあとが5〜6秒でなくなるくらいの硬さにする。

9. 7が冷めたらオーブンを200℃に予熱する。オーブンの天板にオーブン用シートを敷いてパウンドケーキをのせ、スプーンで8のアイシングをトップに塗る。予熱したオーブンで1分ほど加熱し、網にのせて乾かす。

— note —

・紅茶はアッサムベースのものやチャイ用のものがおすすめ。ミルクティーに合う、しっかりと味の濃いものを使うとよい。
・チャイの香りにさらにスパイスを加え、味に深みを出した。

キャラメルのケーク

こっくりとした甘さのキャラメルは
まさにお菓子の王道。もちろんパウンドケーキとも相性がよく、
フルーツと合わせても抜群のおいしさです。

フリュイルージュのフロランタン ［Q］
>P60

キャラメルと洋なしのマーブル ［Q］
>P60

キャラメル［Q］
>P61

フリュイルージュのフロランタン［Q］

【 材料と下準備 】18cmパウンド型1台分

発酵バター（食塩不使用）
　・・・105g
　＞常温にもどす
グラニュー糖・・・105g
全卵・・・2個分（100g）
　＞常温にもどし、フォークでほ
　　ぐす
┌ 薄力粉・・・95g
A　ベーキングパウダー
└　・・・小さじ1/4
　＞合わせてふるう
冷凍ミックスベリー・・・60g
　＞ペーパータオルで表面の霜
　　を軽く拭き取り、大きいもの
　　は2～4等分に切ってから薄
　　力粉大さじ1をさっとまぶし、
　　冷凍室に入れておく

フロランタン
┌ グラニュー糖・・・15g
│ バター（食塩不使用）・・・10g
│ 生クリーム（乳脂肪分35%）
│　・・・小さじ2
│ はちみつ・・・5g
│ アーモンドスライス
└　（ロースト済み）・・・20g

＊型にオーブン用シートを敷く。→P8
＊オーブンはほどよいタイミングで
　180℃に予熱する。

――――― note ―――――
・表面のアーモンドは、焼きたてはやわ
　らかいので冷ましてから切るとよい。

【 作り方 】

1　右ページの「キャラメル」4〜8と同様に作る。ただし4で塩、6でキャラメルは不要。8でボウルの側面やゴムべらについた生地を落としたらミックスベリーを加える。

2　型に1を入れ、底を台に2〜3回打ちつけて生地をならし、ゴムべらで中央をくぼませて予熱したオーブンで45分ほど焼く。

3　生地を焼き始めて5〜10分たったらフロランタンを作る。小鍋にアーモンドスライス以外の材料をすべて入れ、なるべく動かさずに弱火で熱する。グラニュー糖が溶けてきたらゴムべらで全体を混ぜ、アーモンドスライスを加える。汁けが飛び、全体がねっとりとするまで混ぜ続ける（a）。

4　生地を焼き始めて15分ほどたったら、2の型をいったん取り出して3のフロランタンを全体にのせ（b）、すぐにオーブンに戻して再び焼く。

5　フロランタンがキャラメル色になり、竹串を刺してもなにもついてこなければできあがり。オーブン用シートごと型からはずし、網にのせて冷ます。

キャラメルと洋なしのマーブル［Q］

【 材料と下準備 】18cmパウンド型1台分

キャラメル
┌ 生クリーム（乳脂肪分35%）
│　・・・60g
└ グラニュー糖・・・60g
洋なし（缶詰・半割り）
　・・・小2個（125g）
　＞縦半分に切る
発酵バター（食塩不使用）
　・・・105g
　＞常温にもどす
グラニュー糖・・・105g
全卵・・・2個分（100g）
　＞常温にもどし、フォークでほ
　　ぐす

┌ 薄力粉・・・105g
A　ベーキングパウダー
└　・・・小さじ1/4
　＞合わせてふるう
粉砂糖・・・適量

＊型にオーブン用シートを敷く。→P8
＊オーブンはほどよいタイミングで
　180℃に予熱する。

――――― note ―――――
・ほろ苦いキャラメルにさわやかな洋
　なしがよく合う。

【 作り方 】

1　右ページの「キャラメル」1〜8と同様に作る。ただし2で水は不要。3で生クリームを加え混ぜたら、洋なしをそっと加えて軽くからめ、再び弱火で熱し、ひと煮立ちしたら火を止めて（a）、キャラメルと洋なしをそれぞれ耐熱ボウルに取り出して冷ます（b）。4で塩、6でキャラメルは不要。8で表面につやが出たらキャラメルを加え、大きく2〜3回混ぜる。

2　洋なしを横に厚さ5mmに切る。型に1を入れ、底を台に2〜3回打ちつけて生地をならし、洋なしを少しずらしながら斜めに倒すようにまんべんなくのせ、予熱したオーブンで50分ほど焼く。

3　表面に軽く焼き色がつき、竹串を刺してもなにもついてこなければできあがり。オーブン用シートごと型からはずし、網にのせて冷ます。粉砂糖を茶こしに入れてふる。

キャラメル［Q］

【 材料と下準備 】18cmパウンド型1台分

キャラメル
- 生クリーム（乳脂肪分35%）
  ・・・60g
- グラニュー糖・・・60g
- 水・・・小さじ1

発酵バター（食塩不使用）・・・110g
- >常温にもどす

塩・・・ふたつまみ

グラニュー糖・・・100g

全卵・・・2個分（100g）
- >常温にもどし、フォークでほぐす

A
- 薄力粉・・・110g
- ベーキングパウダー
  ・・・小さじ1/4
- >合わせてふるう

＊型にオーブン用シートを敷く。→P8
＊オーブンはほどよいタイミングで180℃
　に予熱する。

【 作り方 】

1　キャラメルを作る。耐熱カップに生クリームを入れ、ラップを
　せずに電子レンジで煮立つ直前になるまで30〜40秒加熱する。

2　小鍋にグラニュー糖と水を入れ、あまり動かさずに中火で熱す
　る。グラニュー糖の半分ほどが溶けたら、鍋を回してまんべん
　なく加熱し、完全に溶かす。

3　薄いキャラメル色になったらⓐ、木べらなどで全体を混ぜ、濃
　いキャラメル色になったら火を止める。ひと呼吸おいて生ク
　リームを2回ほどに分けて加えⓑ、そのつど軽く混ぜる。再び
　弱火で熱し、ひと煮立ちしたら火を止めⓒ、耐熱ボウルに移し
　て冷ます。キャラメルのできあがり。

4　ボウルにバター、塩、グラニュー糖を入れ、ゴムべらで塩とグ
　ラニュー糖が完全になじむまですり混ぜる。

5　ハンドミキサーの高速で全体にしっかりと空気を含ませるよう
　にしながら2分〜2分30秒混ぜる。

6　卵を10回ほどに分けて加え、そのつどハンドミキサーの高速
　で30秒〜1分混ぜる。3のキャラメルを加え、さらに低速で10
　秒ほど混ぜる。

7　Aを加え、片手でボウルを回しながら、ゴムべらで底から大き
　くすくい返すようにして全体を20〜25回混ぜる。粉けが少し
　残るくらいでOK。

8　ボウルの側面やゴムべらについた生地を落とし、同様に5〜
　10回混ぜる。粉けがなくなり、表面につやが出たらOK。

9　型に8を入れ、底を台に2〜3回打ちつけて生地をならし、ゴ
　ムべらで中央をくぼませて予熱したオーブンで50分ほど焼く。
　途中、15分ほどたったら水で濡らしたナイフで中央に切り込み
　を入れる。

10　裂け目に軽く焼き色がつき、竹串を刺してもなにもついてこな
　ければできあがり。オーブン用シートごと型からはずし、網に
　のせて冷ます。

---
note
- シンプルながら奥深い甘さのあるケーク。生地に塩を少
  量加えることで味のアクセントになる。
- キャラメルはしっかりと濃く作ることでほろ苦さが残る。
  できあがりの目安は約90g。

ナッツのケーク

ナッツを加えると
食感が途端に豊かになります。
風味も楽しみながら召し上がれ。

ナッツごろごろ［Q］

【 材料と下準備 】18cmパウンド型1台分

クランブル
発酵バター（食塩不使用）
・・・20g
　＞冷蔵室で冷やしておく
黒糖（粉末）・・・20g
薄力粉・・・20g
アーモンドパウダー・・・20g
塩・・・ひとつまみ
発酵バター（食塩不使用）・・・105g
　＞常温にもどす
塩・・・ひとつまみ
黒糖（粉末）・・・105g
全卵・・・2個分（100g）
　＞常温にもどし、フォークでほぐす
A ┌ 薄力粉・・・65g
　├ アーモンドパウダー・・・40g
　├ ベーキングパウダー
　│　　・・・小さじ1/4
　└ ＞合わせてふるう

ミックスナッツ
くるみ・・・30g
ピーカンナッツ・・・20g
ヘーゼルナッツ・・・20g
アーモンド（ホール）・・・20g
　＞上記すべて粗く刻む
ピスタチオ・・・10g
　＞混ぜ合わせる

＊ナッツはロースト済みを使用。
＊型にオーブン用シートを敷く。→P8
＊オーブンはほどよいタイミングで
　180℃に予熱する。

—— note ——
・ナッツがぎっしりと詰まった食べごた
えのあるケーク。ミックスナッツは、
食塩不使用のものを使うこと。合計
100gであれば組み合わせは自由に。

【 作り方 】

1　クランブルを作る。ボウルにクランブ
ルの材料をすべて入れ、カードでバター
を切りながら粉類などをまぶす。バター
が小さくなったら、さらに指先でつぶす
ようにして手早くすり混ぜる⒜。全体が
なじみ、バターがそぼろ状になったら⒝、
冷凍室で冷やし固める。

2　P11「基本の生地① カトルカール」1〜
5と同様に作る。ただし1でグラニュー
糖の代わりに塩と黒糖を入れる。5でボ
ウルの側面やゴムべらについた生地を
落としたらミックスナッツ75gを加える。

3　型に2を入れ、底を台に2〜3回打ちつ
けて生地をならす。1のクランブルと残
りのミックスナッツをのせ、予熱した
オーブンで45〜50分焼く。

4　クランブルに焼き色がつき、竹串を刺
してもなにもついてこなければできあが
り。オーブン用シートごと型からはずし、
網にのせて冷ます。

パンドジェーヌ風 ［G］

【 材料と下準備 】 18cmパウンド型1台分

発酵バター（食塩不使用）···65g

A ┌ アーモンドパウダー ···105g
　└ 粉砂糖···105g

B ┌ 卵白···1/2個分(15g)
　└ 水···小さじ1と1/2

全卵···3個分(150g)
　>常温にもどしてBの卵白15gを取り
　　分け、フォークでほぐす

C ┌ 薄力粉···大さじ2
　└ コーンスターチ···大さじ3
　　>合わせてふるう

ラム酒···小さじ1と1/2

アーモンドスライス···15 〜 20g

＊湯せん用の湯（約70℃）を用意する。

＊型にクリーム状にしたバター適量（分
　量外）をはけで塗り、アーモンドスラ
　イスを底と側面に貼りつけⓐ、冷蔵
　室に入れておく。

＊オーブンはほどよいタイミングで170℃
　に予熱する。

【 作り方 】

1 ボウルにバターを入れ、湯せんに
　かけて溶かし、そのままおいておく。

2 別のボウルにAを合わせてふるい
　入れ、Bを加える。ゴムべらで奥か
　ら手前に向かって押しつけるように
　すり混ぜⓑ、粉けが少なくなってき
　たら手でこねながらまとめる。

3 卵を8回ほどに分けて加え、そのつ
　どハンドミキサーの低速で30秒〜
　1分混ぜる。全体になじんだら、しっ
　かりと空気を含ませるようにしなが
　ら高速で2分〜 2分30秒混ぜる。

4 Cを加え、片手でボウルを回しな
　がら、ゴムべらで底から大きくすく
　い返すようにして全体を15 〜 20回
　混ぜるⓒ。粉けがなくなればOK。

5 1のバターを5 〜 6回に分けてゴム
　べらに伝わせながら加えⓓ、その

つど同様に5回ほど混ぜ、最後はさ
らに5回ほど混ぜる。表面につやが
出たらラム酒を加え、大きく5 〜 6
回混ぜる。

6 型に5を入れ、底を台に2 〜 3回打
　ちつけて余分な空気を抜き、予熱
　したオーブンで45分ほど焼く。途中、
　10分ほどたったら水で濡らしたナ
　イフで中央に切り込みを入れる。

7 裂け目に軽く焼き色がつき、竹串を
　刺してもなにもついてこなければで
　きあがり。型の底を2 〜 3回たたい
　てから逆さまにしてはずし、網にの
　せて冷ますⓔ。

─ note ─
・フランスの伝統菓子を、ジェノワーズをベー
　スに、手軽に作れるようアレンジ。アーモ
　ンドパウダーで香り高く仕上げる。

    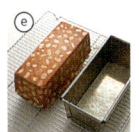

スパイスのケーク

シナモンやジンジャー、八角などのスパイスを
利かせたパウンドケーキは、どこか異国情緒漂う、
新鮮なおいしさがあります。

プルーンのオレンジシナモン煮［Q］
>P66

ジンジャー［H］
>P66

八角といちじく［Q］
>P67

プルーンのオレンジシナモン煮［Q］

【 材料と下準備 】18cmパウンド型1台分

プルーンのオレンジシナモン煮
| ドライプルーン・・・80g
| オレンジジュース（果汁100％）
|　・・・50g
| シナモンスティック・・・1/2本
発酵バター（食塩不使用）・・・105g
| ＞常温にもどす
グラニュー糖・・・105g
全卵・・・2個分（100g）
| ＞常温にもどし、フォークでほぐす
┌ 薄力粉・・・105g
| シナモンパウダー ・・・小さじ1
A ベーキングパウダー
└　・・・小さじ1/4
| ＞合わせてふるう

＊型にオーブン用シートを敷く。→P8
＊オーブンはほどよいタイミングで180℃
　に予熱する。

ドライプルーン

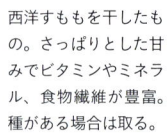

西洋すももを干したもの。さっぱりとした甘みでビタミンやミネラル、食物繊維が豊富。種がある場合は取る。

シナモンスティック

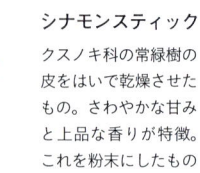

クスノキ科の常緑樹の皮をはいで乾燥させたもの。さわやかな甘みと上品な香りが特徴。これを粉末にしたものがシナモンパウダー。

【 作り方 】

1　プルーンのオレンジシナモン煮を作る。小鍋にすべての材料を入れて弱火で熱し、煮立ったら2～3分煮て耐熱ボウルに移し、ひと晩おく@。プルーンは汁けを軽くきり、2cm角に切る⑥。

2　P11「基本の生地 ① カトルカール」1～7と同様に作る。ただし4でAを加える前に1のプルーンのオレンジシナモン煮を加え、ゴムべらでざっと混ぜる。6で焼成時間は45分ほどにする。

— note —
・シナモンのエキゾチックな香りとオレンジの風味がよく合う。

ジンジャー［H］

【 材料と下準備 】18cmパウンド型1台分

しょうがのコンフィ
| しょうが・・・80g
| 水・・・100g
| グラニュー糖・・・100g
| はちみつ・・・大さじ1
| レモン果汁・・・小さじ2
全卵・・・2個分（100g）
| ＞常温にもどす
グラニュー糖・・・70g
サラダ油・・・50g
┌ 薄力粉・・・100g
A ベーキングパウダー
└　・・・小さじ1/2
| ＞合わせてふるう
牛乳・・・20g

＊型にオーブン用シートを敷く。→P8
＊オーブンはほどよいタイミングで180℃
　に予熱する。

【 作り方 】

1　しょうがのコンフィを作る。しょうがはせん切りにする。小鍋に水、グラニュー糖、はちみつを入れて中火で熱し、煮立つ直前になったらしょうがを加え、弱火で10～15分煮る。レモン果汁を加えてひと煮立ちさせ、耐熱ボウルに移して冷ます@。しょうがは汁けを軽くきって粗みじん切りにし⑥、シロップは大さじ1を取り分ける。

2　P14「基本の生地③ オイル生地」1～6と同様に作る。ただし2できめを整えた後に1のしょうがのコンフィとシロップ大さじ1を加え、さらに低速で10秒ほど混ぜる。4で牛乳は2～3回に分けて加える。

— note —
・さっぱりとして軽い口当たり。しょうががピリッと感じるので甘さを足したい場合は、はちみつを添えても。
・しょうがのコンフィのシロップが入るぶん、生地のグラニュー糖と牛乳の量を減らした。
・しょうがのコンフィは、できればひと晩おくと味が落ち着く。残ったシロップは炭酸水（無糖）で割って飲むのがおすすめ。

八角といちじく［Q］

【 材料と下準備 】直径16cm花型1台分

いちじくの赤ワイン煮

> ドライいちじく…65g
>
> 赤ワイン…100g
>
> 水…大さじ2
>
> グラニュー糖…30g
>
> 八角…1個
>
> クローブ…1個

発酵バター（食塩不使用）…105g
> 常温にもどす

グラニュー糖…105g

全卵…2個分（100g）
> 常温にもどし、フォークでほぐす

A
> 薄力粉…90g
>
> アーモンドパウダー…15g
>
> ベーキングパウダー
> …小さじ1/4
>
> 合わせてふるう

アンビベ用シロップ

> いちじくの赤ワイン煮のシロップ
> …小さじ2
>
> ラム酒…小さじ2
>
> 混ぜ合わせる

アイシング

> 粉砂糖…30g
>
> 赤ワイン…小さじ1/4
>
> いちじくの赤ワイン煮のシロップ
> …小さじ1と1/4

＊型にクリーム状にしたバター適量
（分量外）をはけで塗り、強力粉適量
（分量外）をはたく。→P9

＊オーブンはほどよいタイミングで180℃
に予熱する。

【 作り方 】

1 いちじくの赤ワイン煮を作る。いちじくは熱湯をかけてペーパータオルで水けを拭き取り、半分に切る。小鍋に赤ワイン、水、グラニュー糖、八角、クローブを入れて中火で熱し、グラニュー糖が溶けて煮立ったらいちじくを加える。弱火にして落としぶたをし⒜、5分ほど煮て耐熱ボウルに移し、冷ます。いちじくは汁けを軽くきり、粗く刻む。シロップはアンビベ用に小さじ2、アイシング用に小さじ1と1/4を取り分ける。

2 ボウルにバターとグラニュー糖を入れ、ゴムべらでグラニュー糖が完全になじむまですり混ぜる。

3 ハンドミキサーの高速で全体にしっかりと空気を含ませるようにしながら2分〜2分30秒混ぜる。

4 卵を10回ほどに分けて加え、そのつどハンドミキサーの高速で30秒〜1分混ぜる。

5 1のいちじくの赤ワイン煮を加え、ゴムべらでざっと混ぜる。Aを加え、片手でボウルを回しながら、底から大きくすくい返すようにして全体を20〜25回混ぜる。粉けが少し残るくらいでOK。

6 ボウルの側面やゴムべらについた生地を落とし、同様に5〜10回混ぜる。粉けがなくなり、表面につやが出たらOK。

7 型に6を入れ、底を台に2〜3回打ちつけて生地をならし、予熱したオーブンで45〜50分焼く。

8 表面に軽く焼き色がつき、竹串を刺してもなにもついてこなければできあがり。型の側面を2〜3回たたいてからひっくり返してはずし、網にのせて、熱いうちにアンビベ用シロップをはけで表面に塗る。すぐにラップでぴったりと包み、そのまま冷ます。

9 アイシングを作る。ボウルに万能こし器で粉砂糖をふるい入れ、赤ワインといちじくの赤ワイン煮のシロップを少しずつ加えながらスプーンなどでよく混ぜる。持ち上げるとゆっくりと落ち、落ちたあとが10秒ほどでなくなるくらいの硬さにする。下記のようにコルネを作り、アイシングを入れて、口を閉じる。

10 オーブンの天板にオーブン用シートを敷き、8のパウンドケーキをラップをはずしてのせる。9のコルネの先端を切り落とし、アイシングをトップに絞り出す。200℃に予熱したオーブンで1分ほど加熱し、網にのせて乾かす。

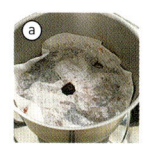

— note —

・いちじくの赤ワイン煮は、時間がある場合はひと晩おくと味がなじむ。残ったシロップは炭酸水（無糖）で割って飲むとおいしい。

● コルネの作り方

1 オーブン用シートを25cm四方ほどの正方形に切り出して三角形に折り、ナイフなどで切り離す⒜。

2 直角の角を手前にし、右端から内側に巻く⒝。左端を巻きつけ、先端がしっかりと尖るように締める⒞。

3 一番外側にあるオーブン用シートのはみ出した部分を内側に折り込み、折り込んだ部分の中心を1cmほど破って⒟、破った右側を外側に折り返す。

4 アイシングを流し入れる⒠。巻き終わりのある面を下にして置き、注ぎ口の両端を押さえて折り目をつける。注ぎ口が三角形になるように折ってから、さらに2〜3回折り返す⒡。絞り出すときは先端を2〜3mm切り落とす。

 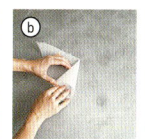 
  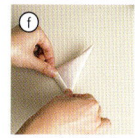

秋のケークサレ

秋らしくさまざまなチーズや
うまみの強い食材を使って
強きのある味に仕上げました。

サーモンとほうれん草 ［S］
>P70

きのことサラミ ［S］
>P71

くるみとゴルゴンゾーラ［S］
>P70

サーモンとほうれん草 [s]

【材料と下準備】18cmパウンド型1台分

全卵···2個分(100g)
　>常温にもどす
サラダ油···60g
牛乳···50g
粉チーズ···30g
スモークサーモン···60g
　>幅2cmに切る
ほうれん草···50g
　>茎と葉に切り分け、塩少々を入れ
　た熱湯に茎は2〜3秒、葉はさっと
　くぐらせてともに冷水に取って冷ま
　し、水けを絞って長さ1cmに切る

クリームチーズ···30g
　>10等分にちぎる
┌ 薄力粉···100g
│ ベーキングパウダー ···小さじ1
A
│ 塩···小さじ1/4
└ 粗びき黒こしょう···少々
　>合わせてふるう

＊型にオーブン用シートを敷く。→P8
＊オーブンはほどよいタイミングで180℃
　に予熱する。

【作り方】

1　下の「くるみとゴルゴンゾーラ」1
　〜5と同様に作る。ただし2でゴ
　ルゴンゾーラとくるみの代わり
　に粉チーズ、スモークサーモン、
　ほうれん草を加えて軽く混ぜ、
　さらにクリームチーズを加え、
　ざっと混ぜる。

─── note ───
・味のバランスがとれた、彩りがきれいな
　ケーク。クリームチーズでこくを出し、
　秋らしい仕上がりに。

くるみとゴルゴンゾーラ [s]

【材料と下準備】18cmパウンド型1台分

全卵···2個分(100g)
　>常温にもどす
サラダ油···60g
牛乳···40g
ゴルゴンゾーラ···50g
　>粗くちぎる
くるみ(ロースト済み)···20g
　>粗く割り、ゴルゴンゾーラと混ぜる(a)
┌ 薄力粉···100g
│ ベーキングパウダー ···小さじ1
A
│ 塩···小さじ1/4
└ 粗びき黒こしょう···少々
　>合わせてふるう

＊型にオーブン用シートを敷く。→P8
＊オーブンはほどよいタイミングで180℃に
　予熱する。

ゴルゴンゾーラ
イタリア原産の青かびチーズ。
特有の刺激臭とほのかな甘みが
ある。パスタやくだもの、はち
みつなどと相性がよい。

【作り方】

1　ボウルに卵とサラダ油を入れ、泡立て器で完全になじむまでしっ
　かり混ぜる。牛乳を加え、同様に混ぜる。
2　ゴルゴンゾーラとくるみを加え、菜箸で軽く混ぜる。
3　Aを加え、片手でボウルを回しながら、菜箸で底から大きくすく
　い返すようにして全体を15〜20回混ぜる。ゴムべらでボウルの
　側面の生地を落とし、同様に1〜2回混ぜる。粉けがほんの少し
　残るくらいでOK。
4　型に3を入れ、底を台に2〜3回打ちつけて余分な空気を抜き、
　ゴムべらで表面を軽くならす。予熱したオーブンで30〜35分焼く。
5　表面に軽く焼き色がつき、竹串を刺してもなにもついてこなけれ
　ばできあがり。型ごと網にのせ、粗熱がとれたらオーブン用シー
　トごとはずして冷ます。

─── note ───
・水分のない粉チーズの代わりにゴルゴンゾーラを使用し
　たので牛乳の量を減らした。
・薄く切ってトーストし、はちみつを添えてもおいしい。

きのことサラミ [S]

【 材料と下準備 】18cmパウンド型1台分

全卵・・・2個分（100g）
　>常温にもどす

サラダ油・・・60g

牛乳・・・50g

粉チーズ・・・30g

きのこのソテー

　オリーブオイル・・・大さじ1

　にんにく・・・1/3かけ
　　>みじん切りにする

　まいたけ、しめじ、
　　ブラウンマッシュルーム
　　・・・合わせて200g
　　>まいたけとしめじは食べやすい大きさに
　　　ほぐし、マッシュルームは4等分に切る

　塩、粗びき黒こしょう・・・各少々

　>フライパンにオリーブオイルとにんにくを
　　弱火で熱し、香りが立ったらきのこを加え、
　　ときどきフライパンを揺すってオイルをか
　　らめるように中火で炒める。きのこがしん
　　なりとしたら@塩、粗びき黒こしょうをふ
　　り、バットに取り出して冷ます。トッピン
　　グ用に1/5量を取り分ける

サラミ・・・25g
　>厚さ2mmの輪切りにし、大きいものはさら
　　に半分に切る

A
　┌ 薄力粉・・・100g
　│ ベーキングパウダー ・・・小さじ1
　│ 塩・・・小さじ1/4
　└ 粗びき黒こしょう・・・少々
　　>合わせてふるう

＊型にオーブン用シートを敷く。→P8
＊オーブンはほどよいタイミングで180℃に予
　熱する。

【 作り方 】

1　ボウルに卵とサラダ油を入れ、泡立て器で完全になじむまでしっかり混ぜる。牛乳を加え、
　同様に混ぜる。

2　粉チーズ、きのこのソテーの4/5量、サラミを加え、菜箸で軽く混ぜる。

3　Aを加え、片手でボウルを回しながら、菜箸で底から大きくすくい返すようにして全体を
　15〜20回混ぜる。ゴムべらでボウルの側面の生地を落とし、同様に1〜2回混ぜる。粉
　けがほんの少し残るくらいでOK。

4　型に3を入れ、底を台に2〜3回打ちつけて余分な空気を抜き、ゴムべらで表面を軽くなら
　す。残りのきのこのソテーをのせ、予熱したオーブンで30〜35分焼く。

5　表面に軽く焼き色がつき、竹串を刺してもなにもついてこなければできあがり。型ごと網
　にのせ、粗熱がとれたらオーブン用シートごとはずして冷ます。

―――――――――――――――― note ――――――――――――――――
・きのこは合わせて200gになれば、好みのものを使ってもよい。
・きのこのソテーは水分が出ないよう、きのこをあまり触らずに炒めるのがポイント。
・サラミはトッピングすると焦げやすいので全量を生地に混ぜ込む。ベーコンなどで代用も可。

Hiver

楽しい冬のケーク

ホワイトチョコとゆずのジャム［Q］
>P74

チョコレートのケーク

バレンタイン向けに限らず、
寒い冬にはチョコレートの味が恋しくなるもの。
もちろんケークにもよく合います。

ダブルチョコ ［H］
>P74

チョコと金柑のコンフィ ［Q］
>P75

ホワイトチョコとゆずのジャム［Q］

【材料と下準備】18cmパウンド型1台分

発酵バター（食塩不使用）・・・105g
> 常温にもどす

グラニュー糖・・・95g

塩・・・少々＋適量

全卵・・・2個分（100g）
> 常温にもどし、フォークでほぐす

A ┌ 薄力粉・・・105g
　└ ベーキングパウダー ・・・小さじ1/4
> 合わせてふるう

ホワイトチョコチップ・・・25g

ゆずジャム・・・60g

粉砂糖・・・適量

＊型にオーブン用シートを敷く。→P8
＊オーブンはほどよいタイミングで180℃
　に予熱する。

【作り方】

1　右ページの「チョコと金柑のコンフィ」2〜5と同様に作る。ただし2でバター
　とグラニュー糖といっしょに塩少々も加える。

2　ボウルの側面やゴムべらについた生地を落とし、ホワイトチョコチップを加
　えて同様に5〜10回混ぜる。粉けがなくなり、表面につやが出たらゆずジャ
　ムを加え、大きく5回ほど混ぜる。

3　型に2を入れ、底を台に2〜3回打ちつけて生地をならし、ゴムべらで中央
　をくぼませる。塩適量をふり、予熱したオーブンで30〜40分焼く。途中、
　15分ほどたったら水で濡らしたナイフで中央に切り込みを入れる。

4　裂け目に軽く焼き色がつき、竹串を刺してもなにもついてこなければできあ
　がり。オーブン用シートごと型からはずし、網にのせて冷ます。粉砂糖を茶
　こしに入れてふる。

ホワイトチョコチップ
製菓用のものがおすすめ。
板状のものを使う場合は包
丁で刻む。

─── note ───
・トッピング用の塩は、あれば粒が大
　きい粗塩を使用するとよい。食感に
　アクセントがつき、ホワイトチョコ
　とゆずジャムの甘みが締まる。

ダブルチョコ［H］

【材料と下準備】18cmパウンド型1台分

全卵・・・2個分（100g）
> 常温にもどす

グラニュー糖・・・80g

サラダ油・・・50g

製菓用チョコレート（スイート）
　・・・60g＋30g
> 60gは細かく刻んで湯せんで溶か
　し、30gは細かく刻む ⓐ

A ┌ 薄力粉・・・100g
　│ ベーキングパウダー
　└ 　・・・小さじ1/2
> 合わせてふるう

牛乳・・・50g

＊型にオーブン用シートを敷く。→P8
＊オーブンはほどよいタイミングで180℃
　に予熱する。

【作り方】

1　ボウルに卵とグラニュー糖を入れ、ハンドミキサーでスイッチを入れずに軽
　く混ぜてから高速で1分ほど混ぜる。

2　サラダ油を4〜5回に分けて加え、そのつどハンドミキサーの高速で10秒ほ
　ど混ぜる。全体になじんだら低速にして1分ほど混ぜ、きめを整える。湯せ
　んで溶かしたチョコレート60gを加え、さらに低速で10秒ほど混ぜる。

3　Aを加え、片手でボウルを回しながら、ゴムべらで底から大きくすくい返す
　ようにして全体を20回ほど混ぜる。粉けが少し残るくらいでOK。

4　牛乳を5〜6回に分けてゴムべらに伝わせながら加え、そのつど同様に5回
　ほど混ぜ、最後はさらに5回ほど混ぜる。粉けがなくなり、表面につやが出
　たら細かく刻んだチョコレート30gを加え、大きく5回ほど混ぜる。

5　型に4を入れ、底を台に2〜3回打ちつけて余分な空気を抜き、予熱したオー
　ブンで40分ほど焼く。途中、10分ほどたったら水で濡らしたナイフで中央
　に切り込みを入れる。

6　裂け目に軽く焼き色がつき、竹串を刺してもなにもついてこなければできあ
　がり。型の底を2〜3回たたいてからオーブン用シートごと型からはずし、
　網にのせて冷ます。

製菓用チョコレート
（スイート）

カカオ分64%、VALRHONA
の「マンジャリ」を使用。
チョコレート本来の苦みの
中にベリー系のほのかな酸
味を感じられる。

─── note ───
・軽い食感のチョコレートケーキ。チョコレートの効果でしっとり仕上
　がる。
・オイル生地はフィリングが沈みやすいのでチョコレート30gは細かく
　刻んだほうがよい。

チョコと金柑のコンフィ［Q］

【 材料と下準備 】18cmパウンド型1台分

金柑のコンフィ
│ 金柑（やわらかいもの）…5個
│ 水…50g
│ グラニュー糖…40g
│ 白ワイン…75g

発酵バター（食塩不使用）…105g
> 常温にもどす

グラニュー糖…105g

全卵…2個分（100g）
> 常温にもどし、フォークでほぐす

│ 薄力粉…105g
A ベーキングパウダー
│ …小さじ1/4
> 合わせてふるう

製菓用チョコレート（スイート）
 …30g
> 細かく刻む

アンビベ用シロップ
│ 金柑のコンフィのシロップ
│ …小さじ2
│ ブランデー …小さじ2
> 混ぜ合わせる

＊型にオーブン用シートを敷く。→P8
＊オーブンはほどよいタイミングで180℃に予熱する。

【 作り方 】

1 金柑のコンフィを作る。金柑は横半分に切り、種を取る。鍋に水とグラニュー糖を入れて中火で熱し、グラニュー糖が溶けたら白ワイン、金柑の順に加えて落としぶたをし⒜、弱火で5分ほど煮る。耐熱ボウルに移してひと晩おく。金柑は汁けを軽くきり、さらに半分に切る。シロップはアンビベ用に小さじ2を取り分ける。

2 ボウルにバターとグラニュー糖を入れ、ゴムべらでグラニュー糖が完全になじむまですり混ぜる。

3 ハンドミキサーの高速で全体にしっかりと空気を含ませるようにしながら2分〜2分30秒混ぜる。

4 卵を10回ほどに分けて加え、そのつどハンドミキサーの高速で30秒〜1分混ぜる。

5 Aを加え、片手でボウルを回しながら、ゴムべらで底から大きくすくい返すようにして全体を20〜25回混ぜる。粉けが少し残るくらいでOK。

6 ボウルの側面やゴムべらについた生地を落とし、チョコレートを加えて同様に5〜10回混ぜる。粉けがなくなり、表面につやが出たらOK。

7 型に6の1/3量を入れてスプーンの背などで表面を平らにならし、周囲を2cmほど残して1の金柑のコンフィの1/2量をのせる⒝。これをもう一度繰り返し、残りの6を入れて表面を平らにならし⒞、予熱したオーブンで50分ほど焼く。途中、15分ほどたったら水で濡らしたナイフで中央に切り込みを入れる。

8 裂け目に軽く焼き色がつき、竹串を刺してもなにもついてこなければできあがり。オーブン用シートごと型からはずし、網にのせて、熱いうちにアンビベ用シロップをはけでトップと側面に塗る。すぐにラップでぴったりと包み、そのまま冷ます。

  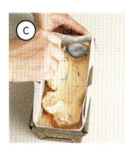

---
note

・金柑が硬い場合は竹串で数か所に穴を開け、水からゆでて沸騰したらざるに上げる。それでも硬い場合はもう一度繰り返す。
・金柑のコンフィのできあがり量は、シロップをきった状態で80〜100gが目安。残ったシロップはヨーグルトなどにかけて食べるとおいしい。
・製菓用チョコレート（スイート）はカカオ分70%、VALRHONAの「グアナフ」を使用した。
・アンビベ用シロップのブランデーはキルシュにしても合う。

チョコレートの定番お菓子風

おなじみのチョコレート菓子を
パウンドケーキにアレンジしました。
あのおいしさを気軽に楽しめます。

ザッハトルテ風 ［G］

【 材料と下準備 】直径 15cm 丸型 1 台分

発酵バター（食塩不使用）…80g

全卵…2個分（100g）

グラニュー糖…80g

┌ 薄力粉…60g
A
└ ココアパウダー…20g

　　＞合わせてふるう

アプリコットジャム…20g ＋ 45g

ガナッシュ

　製菓用チョコレート（スイート）
　　…50g

　生クリーム（乳脂肪分35％）
　　…60g

＊湯せん用の湯（約70℃）を用意する。

＊型にオーブン用シートを敷く。→P9

＊オーブンはほどよいタイミングで
　170℃に予熱する。

【 作り方 】

1　ボウルにバターを入れ、湯せんにかけて溶かし、いったん湯せんからはずす（2で卵液のボウルを湯せんからはずしたら再び湯せんにかけておく）。

2　別のボウルに卵とグラニュー糖を入れ、ハンドミキサーでスイッチを入れずに軽く混ぜる。さらに湯せんにかけながら低速で20秒ほど混ぜ、湯せんからはずす。高速にして全体にしっかりと空気を含ませるようにしながら2分〜2分30秒混ぜ、低速にして1分ほど混ぜてきめを整える。

3　Aを加え、片手でボウルを回しながら、ゴムべらで底から大きくすくい返すようにして全体を20回ほど混ぜる。粉けが少し残るくらいでOK。

4　1のバターを5〜6回に分けてゴムべらに伝わせながら加え、そのつど同様に5〜10回混ぜる。粉けがなくなり、表面につやが出たらOK。

5　型に4を入れ、底を台に2〜3回打ちつけて余分な空気を抜き、予熱したオーブンで30〜35分焼く。

6　表面に軽く焼き色がつき、竹串を刺してもなにもついてこなければできあがり。型の底を2〜3回たたいてからオーブン用シートごと型からはずし、逆さまにして網にのせて冷ます。

7　高さ半分のところに合わせて手前と奥にルーラーなどを置き、ブレッドナイフで厚みを半分に切る。下の生地にアプリコットジャム20gをスプーンなどで塗り広げて上の生地を重ね、トップと側面にアプリコットジャム45gを塗る。

8　ガナッシュを作る。チョコレートは細かく刻んでボウルに入れ、湯せんにかけて溶かすⓐ。生クリームは耐熱カップに入れ、ラップをせずに電子レンジで煮立つ直前になるまで30〜40秒加熱する。

9　チョコレートのボウルを湯せんからはずし、生クリームを2〜3回に分けて加え、そのつどひと呼吸おいてから中心から円を描くように泡立て器で混ぜるⓑ。つやが出て、なめらかになったらボウルの底を水にあて、ゴムべらで混ぜながらもったりとして人肌になるまで冷ますⓒ。ガナッシュのできあがり。

10　バットに網を重ねて7をのせ、9のガナッシュを静かにかけ ⓓ、トップの余分なガナッシュをパレットナイフなどで落とす（側面は触らない）ⓔ。網をバットに軽く2〜3回打ちつけて側面の余分なガナッシュを落とし、ガナッシュが固まるまでそのままおく。

—— note ——

・オーストリアの伝統菓子・ザッハトルテをジェノワーズで。通常は卵白を泡立てるが、簡単に作れるようにアレンジした。

・ルーラーがない場合は少し高さのある板などで代用し、生地の厚みを均一にカットできるように固定する。固定せずに切っても問題はない。

フォンダンショコラ［G］

【 材料と下準備 】18cmパウンド型1台分

製菓用チョコレート（スイート）
　・・・130g
発酵バター（食塩不使用）・・・95g
全卵・・・3個分（150g）
　>常温にもどす
グラニュー糖・・・90g
薄力粉・・・30g

＊湯せん用の湯（約70℃）を用意する。
＊型にオーブン用シートを敷く。→P8
＊オーブンはほどよいタイミングで180℃
　に予熱する。

【 作り方 】

1　ボウルにチョコレートとバターを入れ、湯せんにかけながらゴムべらで混ぜて
　溶かし、ⓐ、そのままおいて約45℃を保つ。

2　別のボウルに卵とグラニュー糖を入れ、泡立て器でなじませるように静かに混
　ぜる。

3　1のボウルを湯せんからはずし、2の1/4量を加えてⓑ泡立て器でなじませるよ
　うに静かに混ぜる。

4　3を2のボウルに戻し入れⓒ、静かに混ぜる。全体がなじんだら薄力粉をふる
　いながら加え、同様に混ぜる。粉けがなくなり、表面につやが出たらOKⓓ。

5　型に4を入れ、予熱したオーブンで15分ほど焼く。

6　表面に軽く焼き色がつき、竹串を刺してみて、端は生地がなにもつかず、中心
　は少し生地がついてくる状態になればできあがり。型ごと網にのせて冷ます。

— note —

・中のチョコレートは、焼きたてはとろりと溶け、冷蔵室で冷やすとねっとりとしてショコラテリー
　ヌのようになる。
・「基本の生地② ジェノワーズ」に近いが、焼成温度がやや高いなど、作り方は少々異なる。作り
　方2でグラニュー糖が溶けにくい場合は、軽く湯せんにかけるとよい。

フォレノワール風 [Q]

【 材料と下準備 】18cmパウンド型1台分

ダークチェリー（缶詰）
　…90〜100g
ダークチェリーのシロップ
　…小さじ2
キルシュ …小さじ2
ガナッシュ
　製菓用チョコレート
　　（スイート）…20g
　牛乳…30g
発酵バター（食塩不使用）
　…80g
　＞常温にもどす
グラニュー糖…110g
全卵…2個分（100g）
　＞常温にもどし、フォークでほぐす

A ┌ 薄力粉…85g
　│ アーモンドパウダー …25g
　│ ココアパウダー …20g
　│ ベーキングパウダー
　└ 　…小さじ1/3
　　＞合わせてふるう

アンビベ用シロップ
　┌ ダークチェリーのシロップ
　│ 　…大さじ1
　│ キルシュ …大さじ1
　└ ＞混ぜ合わせる

＊型にオーブン用シートを敷く。→P8
＊オーブンはほどよいタイミングで
　180℃に予熱する。

【 作 り 方 】

1　ダークチェリーは半分に切り、ダークチェリーの
　シロップ、キルシュと合わせて@3時間〜ひと晩
　おき、汁けをきる。

2　ガナッシュを作る。チョコレートは細かく刻んで
　ボウルに入れ、湯せんにかけて溶かす。牛乳は
　耐熱カップに入れ、ラップをせずに電子レンジ
　で煮立つ直前になるまで30〜40秒加熱する。

3　チョコレートのボウルを湯せんからはずし、牛
　乳を2〜3回に分けて加え、そのつどひと呼吸お
　いてから中心から円を描くように泡立て器で混
　ぜる。つやが出て、なめらかになったらそのま
　ま人肌になるまで冷ます。ガナッシュのできあ
　がり。

4　P11「基本の生地① カトルカール」1〜7と同様に
　作る。ただし5で表面につやが出たら3のガナッ
　シュを2〜3回に分けて加え、そのつど大きく混
　ぜる。さらに1のダークチェリーを加え、ざっと
　混ぜる。6で焼成時間は50分ほどにする。7で網
　にのせたら、熱いうちにアンビベ用シロップをは
　けでトップと側面に塗り、すぐにラップでぴった
　りと包んで、そのまま冷ます。

────── **note** ──────
・フォレノワールはフランス語で「黒い森」という意味。チェ
　リーを使用したチョコレートケーキのことで、ガナッシュ
　入りの濃厚な生地にダークチェリーの酸味がプラスされ、
　味のバランスがとてもよい。
─────────────────

クリスマスのケーク

パンデピスはクリスマスのマルシェで
おなじみのお菓子。
フルーツたっぷりのケークオフリュイは、
ノエルの時期によく食べられます。
寒い季節の保存食なんですね。

パンデピス風［H］
>P82

ケークオフリュイ［Q］
>P83

パンデピス風 ［H］

【 材料と下準備 】18cmパウンド型1台分

はちみつ…100g

牛乳…50g

A
- 強力粉…50g
- 全粒粉…50g
- きび砂糖…20g
- シナモンパウダー …小さじ1/2
- ナツメグパウダー …小さじ1/4
- クローブパウダー
  （またはオールスパイスパウダー）
  …少々
- ベーキングパウダー …小さじ2
- ベーキングソーダ…小さじ1
  >合わせてふるう

全卵…1個分(50g)
  >常温にもどし、フォークでほぐす

オレンジピール（ダイス状）…35g

ドライいちじく…30g
  >熱湯に5分ほどつけて表面をふやか
   し、ペーパータオルで水けを拭き
   取って粗く刻む

＊型にオーブン用シートを敷く。→P8
＊オーブンはほどよいタイミングで160℃
  に予熱する。

全粒粉

小麦の表皮や胚芽ごと粉に
したもの。小麦本来の風味
が味わえる。製菓用ではな
く、強力全粒粉でOK。

ベーキングソーダ

いわゆる重曹のこと。生地
を膨らませる働きがあり、
焼くと色がつく。苦みが出
ることもあるので分量は守
ること。

【 作り方 】

1 小鍋にはちみつと牛乳を入れ、ゴムべらで混ぜながら弱火にか
  ける ⓐ 。はちみつが溶けて牛乳となじんだら火を止め、常温に
  冷ます。

2 ボウルにAを入れ、泡立て器で軽く混ぜる ⓑ 。真ん中に穴を開
  け ⓒ 、1を流し入れて中心から円を描くように静かに混ぜる ⓓ 。
  ほぼ混ざったら卵を3回ほどに分けて加え ⓔ 、そのつど同様に
  混ぜて全体になじませる ⓕ 。

3 オレンジピールといちじくを加え、ゴムべらで大きく5回ほど
  混ぜる ⓖ 。

4 型に3を入れ、底を台に2〜3回打ちつけて余分な空気を抜き、
  予熱したオーブンで30分ほど焼く。

5 表面に軽く焼き色がつき、竹串を刺してもなにもついてこなけ
  ればできあがり。型の底を2〜3回たたいてからオーブン用シー
  トごと型からはずし、網にのせて冷ます。

=== note ===

・パンデピスとはフランス語で「スパイスのパン」という意味。ブルゴーニュや
　アルザス地方のものが有名。素朴な味で重量感がある。
・「基本の生地③ オイル生地」に近いが、作り方は少々異なる。はちみつと牛乳
　は分離しやすいので、沸騰させないように必ず弱火で混ぜる。

ケークオフリュイ ［Q］

【材料と下準備】

直径14cmクグロフ型1台分

ドライフルーツのスパイス漬け
- ドライいちじく・・・20g
- ドライアプリコット・・・20g
- ドライプルーン・・・20g
- レーズン・・・20g
- シナモンパウダー ・・・ふたつまみ
- ナツメグパウダー ・・・ひとつまみ
- ラム酒・・・大さじ2

発酵バター（食塩不使用）・・・105g
> 常温にもどす

きび砂糖・・・105g

全卵・・・2個分（100g）
> 常温にもどし、フォークでほぐす

くるみ（ロースト済み）・・・20g＋適量
> 20gと適量はそれぞれ手で粗く割る

ドレンチェリー（赤）・・・20g＋適量
> 20gは粗く刻み、適量は半分に切る

アンゼリカ・・・20g＋適量
> 20gは粗く刻み、適量は斜め薄切りにする

A
- 薄力粉・・・105g
- ベーキングパウダー
  ・・・小さじ1/4
> 合わせてふるう

ラム酒・・・20g

アプリコットジャム・・・適量

好みのドライフルーツ・・・適量
> 熱湯をかけてペーパータオルで水けを拭き取り、大きいものは食べやすい大きさに切る

粉砂糖・・・適量

＊型にクリーム状にしたバター適量（分量外）をはけで塗り、強力粉適量（分量外）をはたく。→P9

＊オーブンはほどよいタイミングで180℃に予熱する。

ドレンチェリー
さくらんぼを砂糖に漬けたもの。鮮やかな色合いで菓子やパンなどの飾りに使われることが多い。緑や黄色もある。

アンゼリカ
本来はセリ科の植物の茎をシロップで煮てグラニュー糖をまぶし、乾燥させたものだが、日本ではふきで代用している。

【作り方】

1 ドライフルーツのスパイス漬けを作る。ドライフルーツは合わせて熱湯をかけ@、ペーパータオルで水けを拭き取る。いちじく、アプリコット、プルーンは1cm角に切る⑥。ボウルにドライフルーツ、シナモンパウダー、ナツメグパウダーを入れてしっかり混ぜ、ラム酒を合わせて©3時間～ひと晩おく。

2 ボウルにバターときび砂糖を入れ、ゴムべらできび砂糖が完全になじむまですり混ぜる。

3 ハンドミキサーの高速で全体にしっかりと空気を含ませるようにしながら2分～2分30秒混ぜる。

4 卵を10回ほどに分けて加え、そのつどハンドミキサーの高速で30秒～1分混ぜる。

5 1のドライフルーツのスパイス漬け、粗く割ったくるみ20g、粗く刻んだドレンチェリー20g、粗く刻んだアンゼリカ20gを加え、ゴムべらでざっと混ぜる。Aを加え、片手でボウルを回しながら、底から大きくすくい返すようにして全体を20～25回混ぜる。粉けが少し残るくらいでOK。

6 ボウルの側面やゴムべらについた生地を落とし、同様に5～10回混ぜる。粉けがなくなり、表面につやが出たらOK。

7 型に6を入れ、底を台に2～3回打ちつけて生地をならし、予熱したオーブンで50分ほど焼く。

8 表面に軽く焼き色がつき、竹串を刺してもなにもついてこなければできあがり。型の側面を2～3回たたいてからひっくり返してはずし、網にのせて、熱いうちにラム酒をはけで表面に塗る。すぐにラップでぴったりと包み、そのまま冷ます。

9 8が冷めたらラップをはずし、トップにアプリコットジャムをはけなどで塗り、好みのドライフルーツ、粗く割ったくるみ適量、半分に切ったドレンチェリー適量、斜め薄切りにしたアンゼリカ適量をのせ、粉砂糖を茶こしに入れてふる。

--- note ---
- クリスマスをイメージした華やかなケーキ。トッピング用のドライフルーツはスパイス漬けと同じ種類でOK。
- 18cmのパウンド型でも同様に作れる。直径14cmのクグロフ型で作ると生地が少しあふれるので、ココットなどに取り分けていっしょに焼くとよい（詳しくはP95参照）。

りんごのケーク

冬を代表するくだもの、りんご。
加熱すれば、
お菓子に合わせやすくなります。

りんごの赤ワイン煮 ［Q］

【材料と下準備】18cmパウンド型1台分

りんごの赤ワイン煮
- りんご…1個(200g)
- グラニュー糖…60g
- 赤ワイン…25g＋20g
- レモン果汁…大さじ1と1/2
- シナモンパウダー…小さじ1

発酵バター(食塩不使用)…105g
> 常温にもどす

きび砂糖…105g

全卵…2個分(100g)
> 常温にもどし、フォークでほぐす

A
- 薄力粉…90g
- ヘーゼルナッツパウダー…15g
- シナモンパウダー…小さじ1/3
- ベーキングパウダー…小さじ1/4
> 合わせてふるう

ヘーゼルナッツ(ロースト済み)…15g
> 半分に切る

ブランデー…20g

＊型にオーブン用シートを敷く。→P8
＊オーブンはほどよいタイミングで180℃に予熱する。

────── note ──────

・りんごは紅玉やふじなど煮崩れしないものがよい。
・シナモンとヘーゼルナッツの豊かな香りが、りんごの赤ワイン煮のおいしさを引き立てる。
・ヘーゼルナッツパウダーはアーモンドパウダーで代用可。

【作り方】

1 りんごの赤ワイン煮を作る。りんごは皮をむいて8等分のくし形切りにしてから横に厚さ1cmに切る。小鍋にりんご、グラニュー糖、赤ワイン25g、レモン果汁を入れ、ときどき混ぜながら中火で煮る。グラニュー糖が溶けて汁けがなくなってきたら、赤ワイン20gとシナモンパウダーを加える。汁けが少なくなり、とろみがついたら@耐熱ボウルに移し、そのまま冷まして汁けを軽くきる。

2 P11「基本の生地① カトルカール」1〜7と同様に作る。ただし1でグラニュー糖の代わりにきび砂糖を入れる。4でAを加える前に1のりんごの赤ワイン煮を加え、ゴムべらでざっと混ぜる。6で生地の中央をくぼませたらヘーゼルナッツを散らし、焼成時間は45分ほどにする。7で網にのせたら、熱いうちにブランデーをはけでトップと側面に塗り、すぐにラップでぴったりと包んで、そのまま冷ます。

りんごのアップサイドダウン［G］

【 材料と下準備 】18cmパウンド型1台分

キャラメル
　グラニュー糖・・・40g
　水・・・大さじ1
りんご・・・1個（200g）
　>皮をむいて4つ割りにし、縦に厚さ3
　mmに切る。耐熱皿にのせてラップを
　し、電子レンジで2分ほど加熱する
全卵・・・1個分（50g）
きび砂糖・・・35g
薄力粉・・30g
A アーモンドパウダー ・・・10g
　ベーキングパウダー ・・・少々
　>合わせてふるう
発酵バター（食塩不使用）・・・30g
　>湯せんで溶かす

＊型にオーブン用シートを敷く
　（ただし3で切り込みは入れず、四隅を内
　側に折り込んで入れるⓐ）。→P8
＊オーブンはほどよいタイミングで170℃
　に予熱する。

・・・・・・・・・ note ・・・・・・・・・
・タルトタタン風。りんごは紅玉かふじがおすすめ。

【 作り方 】

1　キャラメルを作る。小鍋にグラニュー糖と水を入れ、あまり動かさずに中火で熱する。グラニュー糖の半分ほどが溶けたら、鍋を回してまんべんなく加熱し、完全に溶かす。薄いキャラメル色になったら、木べらなどで全体を混ぜ、濃いキャラメル色になったら網にのせた型に流し、全体に広げてそのまま冷ます。

2　1の型にりんごの芯の部分が上側になるように少しずらして並べるⓑ。2段目はりんごの向きを変えて同様に並べ、りんごがなくなるまで繰り返す。小さめのりんごは最後に厚みの薄いところにのせて調整し、軽く押さえて平らにする。

3　ボウルに卵ときび砂糖を入れ、ハンドミキサーでスイッチを入れずに軽く混ぜる。高速で全体にしっかりと空気を含ませるようにしながら3分ほど混ぜ、低速にして1分

ほど混ぜてきめを整える。

4　Aを加え、片手でボウルを回しながら、ゴムべらで底から大きくすくい返すようにして全体を10回ほど混ぜる。粉けが少し残るくらいでOK。

5　バターを2〜3回に分けてゴムべらに伝わせながら加え、そのつど同様に5〜10回混ぜる。粉けがなくなり、表面につやが出たらOK。

6　2の型に5を入れ、底を台に2〜3回打ちつけて余分な空気を抜き、予熱したオーブンで30〜35分焼く。

7　表面に軽く焼き色がつき、竹串を刺してもなにもついてこなければできあがり。型ごと網にのせて完全に冷まし、逆さまにして型からはずす。

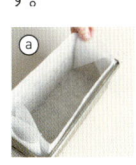

甘い野菜のケーク

野菜にも実はたくさんの甘みがあるもの。
最大限に引き出して、
やさしい甘さのあるパウンドケーキに仕上げました。

キャロットケーキ ［H］

【 材料と下準備 】 直径15cm丸型1台分

全卵···2個分(100g)
> 常温にもどす

サラダ油···100g

きび砂糖···90g

牛乳···40g

にんじん···90g
> スライサーなどで短めのせん切りにする ⓐ

レーズン···30g
> 熱湯をかけ、ペーパータオルで水けを拭き取る

くるみ(ロースト済み)···20g
> 粗く割る

ココナッツファイン···25g＋適量

A ┌ 薄力粉···130g
  │ シナモンパウダー···小さじ3/4
  │ ナツメグパウダー···小さじ1/2
  │ ベーキングパウダー···小さじ3/4
  └ ベーキングソーダ···小さじ1/2
  > 合わせてふるう

フロスティング
  │ サワークリーム···150g
  │ 粉砂糖···15g

＊型にオーブン用シートを敷く。→P9
＊オーブンはほどよいタイミングで180℃に予熱する。

【 作り方 】

1 ボウルに卵とサラダ油を入れ、泡立て器でなめらかになるまで静かに混ぜる。

2 きび砂糖を加え、粘りけが出て、きび砂糖のざらつきがなくなるまですり混ぜる。

3 牛乳を加え、ざっと混ぜる。

4 にんじん、レーズン、くるみ、ココナッツファイン25gを加え、ゴムべらで軽く混ぜる。

5 Aを加え、片手でボウルを回しながら、底から大きくすくい返すようにして全体を20回ほど混ぜる。粉けがなくなり、表面につやが出たらOK。

6 型に5を入れ、底を台に2～3回打ちつけて余分な空気を抜き、予熱したオーブンで40分ほど焼く。

7 表面に軽く焼き色がつき、竹串を刺してもなにもついてこなければできあがり。型ごと網にのせて完全に冷まし、オーブン用シートごとはずす。

8 フロスティングを作る。ボウルにサワークリームを入れ、ゴムべらで混ぜて硬さを均一にする。茶こしで粉砂糖を2回ほどに分けてふるい入れ、そのつどなめらかになるまでよく混ぜる。

9 8のフロスティングを7のトップにのせ、パレットナイフなどで均一な厚さになるように塗り広げ ⓑ、ココナッツファイン適量をふる。

─ note ─
・にんじんの自然な甘みを感じる生地にサワークリームのフロスティングは鉄板の組み合わせ。少し冷やしたほうが切り分けやすい。
・生地は「基本の生地③ オイル生地」のバリエーション。混ぜる順番が異なり、ハンドミキサーを使わない。
・フロスティングはパレットナイフの代わりに食事用ナイフやスプーンの背で塗ってもよい。

さつまいもとはちみつ ［Q］

【 材料と下準備 】 18cmパウンド型1台分

発酵バター(食塩不使用)···105g
> 常温にもどす

グラニュー糖···65g

塩···ひとつまみ

はちみつ···30g

全卵···2個分(100g)
> 常温にもどし、フォークでほぐす

さつまいも(皮をむいたもの)···100g
> 1cm角に切って水にさらし、水けをきって耐熱容器に入れ、ラップをして電子レンジで2分30秒ほど加熱する

A ┌ 薄力粉···105g
  │ ベーキングパウダー···小さじ1/4
  └ > 合わせてふるう

ざらめ糖(中ざら糖)···10g

＊型にオーブン用シートを敷く。→P8
＊オーブンはほどよいタイミングで180℃に予熱する。

ざらめ糖(中ざら糖)
結晶が大きく、黄褐色を帯びた砂糖。甘みはさっぱりとしている。カラメルを添加しているので独特の風味とこくがある。

【 作り方 】

1 P11「基本の生地① カトルカール」1～7と同様に作る。ただし1でバターとグラニュー糖といっしょに塩を入れる。2で混ぜ終わったらはちみつを加え、さらに高速で10～20秒混ぜる。4でAを加える前にさつまいもを加え、ゴムべらでざっと混ぜる。6で生地をならしたら、ざらめ糖を散らす(中央をくぼませる必要はない)。焼成時間は40分ほどにする。

─ note ─
・はちみつでしっとりとさせ、カステラ風に仕上げた。ざらめ糖のカリッとした食感がアクセント。

和のケーク

抹茶はもちろん、甘納豆や白みそも
パウンドケーキとは好相性。
上品な甘さのある
和洋折衷菓子になります。

抹茶と甘納豆 ［G］

【 材料と下準備 】18cmパウンド型1台分

発酵バター（食塩不使用）・・・80g

全卵・・・2個分（100g）

グラニュー糖・・・80g

A ┌ 薄力粉・・・80g
  │ 抹茶パウダー ・・・大さじ1
  │ ベーキングパウダー
  └ ・・・小さじ1/4
  ＞合わせてふるう

甘納豆（黒豆）・・・80g
  ＞薄力粉小さじ1/2をさっとまぶす

＊湯せん用の湯（約70℃）を用意する。
＊型にオーブン用シートを敷く。→P8
＊オーブンはほどよいタイミングで170℃
　に予熱する。

甘納豆（黒豆）

豆類を甘く煮詰めて砂糖
をまぶし、乾燥させた砂
糖漬け菓子。今回は黒豆
を使用したが、好みのも
のでよい。

【 作り方 】

1　ボウルにバターを入れ、湯せんに
かけて溶かし、いったん湯せんか
らはずす（2で卵液のボウルを湯せん
からはずしたら再び湯せんにかけてお
く）。

2　別のボウルに卵とグラニュー糖を
入れ、ハンドミキサーでスイッチ
を入れずに軽く混ぜる。さらに湯
せんにかけながら低速で20秒ほど
混ぜ、湯せんからはずす。高速に
して全体にしっかりと空気を含ま
せるようにしながら2分～2分30
秒混ぜ、低速にして1分ほど混ぜ
てきめを整える。

3　Aを加え、片手でボウルを回しな
がら、ゴムべらで底から大きくす
くい返すようにして全体を20回ほ
ど混ぜる。粉けが少し残るくらい
でOK。

4　1のバターを5～6回に分けてゴム
べらに伝わせながら加え、そのつ

ど同様に5～10回混ぜる。粉けが
なくなり、表面につやが出たら甘
納豆を加え、大きく5回ほど混ぜる。

5　型に4を入れ、底を台に2～3回
打ちつけて余分な空気を抜き、予
熱したオーブンで30～35分焼く。
途中、10分ほどたったら水で濡ら
したナイフで中央に切り込みを入
れる。

6　裂け目に軽く焼き色がつき、竹串
を刺してもなにもついてこなけれ
ばできあがり。型の底を2～3回た
たいてからオーブン用シートごと
型からはずし、網にのせて冷ます。

────── note ──────

・甘納豆の甘みが抹茶のほろ苦さを引き立て
る。日本茶にもよく合う味。

・抹茶パウダーの油分で生地が沈みやすいの
で、ジェノワーズだがベーキングパウダー
を少量入れている。

白みその松風風 ［H］

【 材料と下準備 】18cmパウンド型1台分

全卵・・・2個分(100g)
> 常温にもどす
グラニュー糖・・・80g
サラダ油・・・50g
白みそ・・・50g
┌ 薄力粉・・・100g
A ベーキングパウダー
└　・・・小さじ1/2
> 合わせてふるう
牛乳・・・20g
白いりごま・・・15g

＊型にオーブン用シートを敷く。→P8
＊オーブンはほどよいタイミングで180℃
　に予熱する。

白みそ
米麹を多めに使い、塩を控えめにして仕込んだ甘みの強いみそ。西京みそが有名。あえものや西京漬けなどに使われる。

【 作り方 】

1　ボウルに卵とグラニュー糖を入れ、ハンドミキサーでスイッチを入れずに軽く混ぜてから高速で1分ほど混ぜる。

2　サラダ油を4〜5回に分けて加え、そのつどハンドミキサーの高速で10秒ほど混ぜる。

3　別のボウルに白みそを入れて2の1/5量を加えⓐ、ハンドミキサーの低速で10秒ほど混ぜて軽くなじませる。

4　3を2のボウルに戻し入れⓑ、低速で1分ほど混ぜてきめを整える。

5　Aを加え、片手でボウルを回しながら、ゴムべらで底から大きくすくい返すようにして全体を20回ほど混ぜる。粉けが少し残るくらい

でOK。

6　牛乳を2〜3回に分けてゴムべらに伝わせながら加え、そのつど同様に5回ほど混ぜ、最後はさらに5回ほど混ぜる。粉けがなくなり、表面につやが出たらOK。

7　型に6を入れ、底を台に2〜3回打ちつけて余分な空気を抜き、ごまを散らして予熱したオーブンで30〜35分焼く。途中、10分ほどたったら水で濡らしたナイフで中央に切り込みを入れる。

8　裂け目に軽く焼き色がつき、竹串を刺してもなにもついてこなければできあがり。型の底を2〜3回たたいてからオーブン用シートごと型からはずし、網にのせて冷ます。

── note ──
・みそ松風をイメージしたケーク。みそが入ることでねっちり、しっとりとした生地になる。
・トッピングのごまは、白と黒の2種を混ぜてもかわいい。

冬のケークサレ

人が集まる機会が多いこの時期。
おもてなしには、簡単で、大人数でも分けやすい、
ケークサレが大活躍します。

ポトフ風［S］
>P92

ささ身とピーマン［S］
>P93

チョリソーと
ドライいちじく［S］
>P92

ポトフ風 [S]

【材料と下準備】18cmパウンド型1台分

全卵···2個分(100g)
> 常温にもどす

サラダ油···60g

牛乳···50g

粉チーズ···30g

粗びきウインナソーセージ···60g
> 熱湯で1分ほどゆでて水けをきり、幅1cmに切る

じゃがいも···50g
> 1.5cm角に切って水にさらし、水けをきる

にんじん···50g
> 1.5cm角に切る。塩少々を入れた熱湯でじゃがいもとともに5〜6分ゆで、水けをきって冷ます

粒マスタード···大さじ1

A ┌ 薄力粉···100g
  │ ベーキングパウダー ···小さじ1
  │ 塩···小さじ1/4
  └ 粗びき黒こしょう···少々
  > 合わせてふるう

＊型にオーブン用シートを敷く。→P8
＊オーブンはほどよいタイミングで180℃に予熱する。

【作り方】

1 ボウルに卵とサラダ油を入れ、泡立て器で完全になじむまでしっかり混ぜる。牛乳を加え、同様に混ぜる。

2 粉チーズ、ソーセージ、じゃがいも、にんじん、粒マスタードを加え、菜箸で軽く混ぜる。

3 Aを加え、片手でボウルを回しながら、菜箸で底から大きくすくい返すようにして全体を15〜20回混ぜる。ゴムべらでボウルの側面の生地を落とし、同様に1〜2回混ぜる。粉けがほんの少し残るくらいでOK。

4 型に3を入れ、底を台に2〜3回打ちつけて余分な空気を抜き、ゴムべらで表面を軽くならす。予熱したオーブンで30〜35分焼く。

5 表面に軽く焼き色がつき、竹串を刺してもなにもついてこなければできあがり。型ごと網にのせ、粗熱がとれたらオーブン用シートごとはずして冷ます。

―― note ――
・ポトフをイメージしたケーク。粒マスタードのマイルドな酸味が味のポイント。
・ボリュームがあり、朝食やブランチにもおすすめ。

チョリソーとドライいちじく [S]

【材料と下準備】18cmパウンド型1台分

全卵···2個分(100g)
> 常温にもどす

サラダ油···60g

牛乳···50g

グリュイエール
（シュレッドタイプ）···30g

チョリソー···80g
> 熱湯で1分ほどゆでて水けをきり、幅1cmに切る

ドライいちじく···40g
> 熱湯に5分ほどつけて表面をふやかし、ペーパータオルで水けを拭き取って粗く刻む

A ┌ 薄力粉···100g
  │ ベーキングパウダー
  │   ···小さじ1
  │ 塩···小さじ1/4
  └ 粗びき黒こしょう ···少々
  > 合わせてふるう

＊型にオーブン用シートを敷く。→P8
＊オーブンはほどよいタイミングで180℃に予熱する。

チョリソー
スペインのセミドライソーセージ。粗びきにした豚肉を原料とし、唐辛子などの香辛料で辛みを利かせている。

【作り方】

1 上の「ポトフ風」1〜5と同様に作る。ただし2で粉チーズ、ソーセージ、じゃがいも、にんじん、粒マスタードの代わりにグリュイエール、チョリソー、いちじくを加える。

―― note ――
・ピリ辛のチョリソー入りなのでビールやワインにもぴったり。

ささ身とピーマン ［S］

【 材料と下準備 】18㎝パウンド型1台分

全卵・・・2個分（100g）
> 常温にもどす

サラダ油・・・60g

牛乳・・・50g

粉チーズ・・・30g

鶏ささ身・・・2本（100g）
> 塩少々を入れた熱湯に入れ、再び沸騰したら火を止め、ふたをして8分ほどおく。水けをきって冷まし、筋を取り除きながら食べやすい大きさにほぐす

ピーマンのソテー

| サラダ油・・・小さじ1

| ピーマン・・・40g
>8mm四方に切る

| 玉ねぎ・・・1/4個
>みじん切りにする

> フライパンにサラダ油を中火で熱し、ピーマンと玉ねぎを炒める。しんなりとしたらバットに取り出して冷ます

ピンクペッパー ・・・小さじ1

┌ 薄力粉・・・100g

A ベーキングパウダー ・・・小さじ1

└ 塩・・・小さじ1/4
>合わせてふるう

＊型にオーブン用シートを敷く。→P8
＊オーブンはほどよいタイミングで180℃に予熱する。

【 作り方 】

1　ボウルに卵とサラダ油を入れ、泡立て器で完全になじむまでしっかり混ぜる。牛乳を加え、同様に混ぜる。

2　粉チーズ、ささ身、ピーマンのソテーを加え、さらにピンクペッパーを指でつぶしながら加え、菜箸で軽く混ぜる。

3　Aを加え、片手でボウルを回しながら、菜箸で底から大きくすくい返すようにして全体を15 〜 20回混ぜる。ゴムべらでボウルの側面の生地を落とし、同様に1 〜 2回混ぜる。粉けがほんの少し残るくらいでOK。

4　型に3を入れ、底を台に2 〜 3回打ちつけて余分な空気を抜き、ゴムべらで表面を軽くならす。予熱したオーブンで30 〜 35分焼く。

5　表面に軽く焼き色がつき、竹串を刺してもなにもついてこなければできあがり。型ごと網にのせ、粗熱がとれたらオーブン用シートごとはずして冷ます。

ピンクペッパー
コショウボクの実を乾燥させたもの。一般的なこしょうと種類は異なる。すっきりとした香りが特徴的。

--- note ---
・ささ身のやさしい味わいにピンクペッパーでメリハリをつけ、彩りもきれいに。
・ピンクペッパーを加えるのでAに粗びき黒こしょうは入れない。

Foire aux questions

よくある質問

Q パウンドケーキはどれくらい保存できますか？

A カトルカールは1週間、その他は3日ほどです。

　基本的には完全に冷ましてからラップで包み、冷暗所や冷蔵室で保存してください。そのままでもスライスしてからでも構いません。消費期限の目安は、「基本の生地① カトルカール」が1週間ほどです。焼き上がりにリキュールをしみ込ませたものはさらに長く、10日ほどは大丈夫でしょう。この生地は日にちがたつと味が落ち着いて、また違ったおいしさを楽しめます。それ以外の生地はなるべく早く食べたほうがおいしく、消費期限は2〜3日が目安です。

　ただし「基本の生地④ ケークサレ」のものに関しては、冷暗所ではなく必ず冷蔵室に入れてください。その他の生地でも生のくだものを使用しているケーキは冷蔵保存したほうがよいでしょう。

　すべての生地は冷凍することもできます。ラップで包むところまでは同じで、さらに冷凍用のジッパーつき保存袋に入れて、冷凍室で凍らせます。消費期限の目安は2週間ほどです。

　ともに、食べる前には室温におくなどして、常温にもどしてください。ケークサレは170℃に予熱したオーブンで10分ほどリベイクしてもおいしいでしょう。

Q 発酵バターは普通のバターとなにが違うのですか？

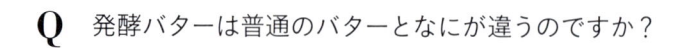

A 乳酸菌を混ぜて作ったバターです。風味が強く、焼き菓子に向いています。

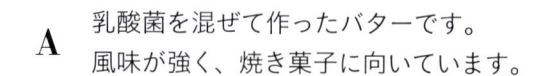

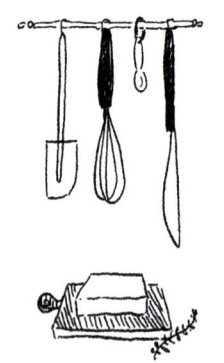

　乳酸菌を混ぜ込み、発酵させて作ったバターです。発酵することにより、風味が増して、こくも生まれます。バターの味がダイレクトに出るパウンドケーキにはぴったりのバターで、ぜひ使ってほしいバターです。よつ葉、明治乳業、森永乳業、カルピスなどのさまざまなブランドから発売されていて、それぞれ微妙に風味が異なりますので、好みのものを探してみてください。ちなみに本書では明治乳業のものを使っています。

　ただし普通のバターに比べると値段は高いので必ず使わなければならないというわけではありません。また、さっぱりとした味が好みの場合は、普通のバターを使いましょう。

Q 「基本の生地 ① カトルカール」で、卵を混ぜているときに、うまくなじまず分離してしまいました。どうすればよいですか？

A 粉の一部を先に加えてなじませましょう。

写真⒜のように卵がうまくなじまずに分離してしまうと、非常に食感の悪い生地に焼き上がってしまいます。そうした場合は、この次のプロセスで加える薄力粉の一部（大きめのスプーンで山盛り1杯ほど）を加えて⒝、ハンドミキサーでスイッチを入れずに軽く混ぜ合わせてください。分離した水分を吸収し、全体を落ち着かせることができます。それでも分離したままであれば、さらにもう1杯、薄力粉を加え混ぜます。
　ちょっとした分離であれば、ボウルの底を直火に1秒ほどあてて温めてから混ぜると、うまくなじむこともあります。

Q 生地は型の何分目くらいまで入れても大丈夫ですか？また、あふれてしまいそうなときはどうすればよいですか？

A だいたい8分目までです。あふれそうならココットなどに移しましょう。

たとえば同じ「18cmパウンド型」でも、メーカーによって微妙に大きさは異なりますが、生地が型の8分目くらいまでなら問題ありません。
　それ以上の量になってしまった場合、生地は焼くと膨らむので、型からあふれてしまう可能性があります。その場合は余分な生地をグラシンカップを敷いたプリン型やココットなどに入れていっしょに焼き、小さなケークを焼いてください。小さな型に入れて焼いた場合は、焼成時間はかなり短くなります。様子を見つつ、早めに取り出してください。

料理製作 _ 高石紀子

菓子研究家。ル・コルドン・ブルー神戸校でディプロムを取得したのちに渡仏。リッツ・エスコフィエで学び、ホテル・リッツ、ブレ・シュクレなどの人気店でスタージュを経験。帰国後はフランス菓子の料理教室、アパレルブランド向けのケータリング、通信販売などを手がける。くだもの使いが巧みなケークやサブレを得意とし、やさしい甘さで食感が軽やかな、飽きのこないおいしさのお菓子を追究している。著書に『365日のクッキー』、『やさしい甘さのバナナケーキ、食事にもなるキャロットケーキ』、『こっくり甘い濃厚プリン、まろやかな食感の伝統菓子フラン』(すべて主婦と生活社)など。http://norikotakaishi.com

【撮影協力】
UTUWA
http://www.awabees.com
東京都渋谷区千駄ヶ谷 3-50-11
明星ビルディング 1F

調理補助 _ 大見直央　佐々木ちひろ
　　　　　福田淳子　山下弥生

撮影 _ 三木麻奈

スタイリング _ 佐々木カナコ

デザイン _ 川村よしえ(otome-graph.)

文 _ 佐藤友恵

校閲 _ 安藤尚子　河野久美子

編集 _ 小田真一

365日のパウンドケーキ

著　者　高石紀子
編集人　束出卓郎
発行人　倉次辰男
発行所　株式会社主婦と生活社
　　　　〒104-8357 東京都中央区京橋 3-5-7
　　　　[編集部] ☎ 03-3563-5129
　　　　[販売部] ☎ 03-3563-5121
　　　　[生産部] ☎ 03-3563-5125
　　　　https://www.shufu.co.jp
製版所　東京カラーフォト・プロセス株式会社
印刷所　共同印刷株式会社
製本所　共同製本株式会社
ISBN978-4-391-15366-8

| 読者アンケートにご協力ください |

この度はお買い上げいただきありがとうございました。『365日のパウンドケーキ』はいかがだったでしょうか？　以下のQRコードからアンケートにお答えいただけると幸いです。今後のより良い本作りに活用させていただきます。所要時間は5分ほどです。

＊このアンケートは編集作業の参考にするもので、ほかの目的では使用しません。詳しくは当社のプライバシーポリシー(https://www.shufu.co.jp/privacy/)をご覧ください。